Paul Ackermann

Politisches System Bundesrepublik Deutschland kurzgefaßt

Ernst Klett Verlag
Stuttgart Düsseldorf Leipzig

Gedruckt auf Papier aus chlorfrei gebleichtem Zellstoff, säurefrei.

1. Auflage 1 6 5 4 3 | 2002 2001 2000 99

Alle Drucke dieser Auflage können im Unterricht nebeneinander benutzt werden, sie sind untereinander unverändert. Die letzte Zahl bezeichnet das Jahr des Druckes.

Umschlag: Manfred Muraro
Druck: Röck, Weinsberg
ISBN 3-12-054270-9

1. Einleitung: Zum Begriff des politischen Systems

Zum Begriff des politischen Systems

Unter dem Begriff des politischen Systems versteht man „diejenigen Strukturen und Prozesse, durch welche gesamtgesellschaftlich verbindliche Entscheidungen vorbereitet, getroffen und durchgesetzt werden„(Wolfgang Rudzio). Dahinter steht die Vorstellung, daß in diesem System ein Verhältnis gegenseitiger Abhängigkeit zwischen staatlichen Institutionen und gesellschaftlich-politischen Prozessen bestehen. Im folgenden Schaubild wird der Versuch gemacht, diese komplexen Beziehungen innerhalb des politischen System der Bundesrepublik darzustellen. Für die Beschreibung wird es jedoch notwendig sein, die einzelnen Strukturprinzipien oder Elemente zu isolieren, ohne deren Wirkungszusammenhang zu vernachlässigen. Im einzelnen geht es um folgende Fragestellungen:

Fragestellungen

– Welche geschichtlichen Voraussetzungen und ökonomischen, gesellschaftlichen und internationalen Rahmenbedingungen sind zu berücksichtigen?
– Welche verfassungspolitischen Prinzipien sind für das System bestimmend?
– Welche Möglichkeiten der politischen Einflußnahme haben die einzelnen Bürger, Gruppen und Parteien?
– Wie werden die allgemein verbindlichen Entscheidungen getroffen? Wie werden die Entscheidungsträger kontrolliert?
– Wie werden das politische System und dessen Entscheidungen von den Bürgern bewertet?

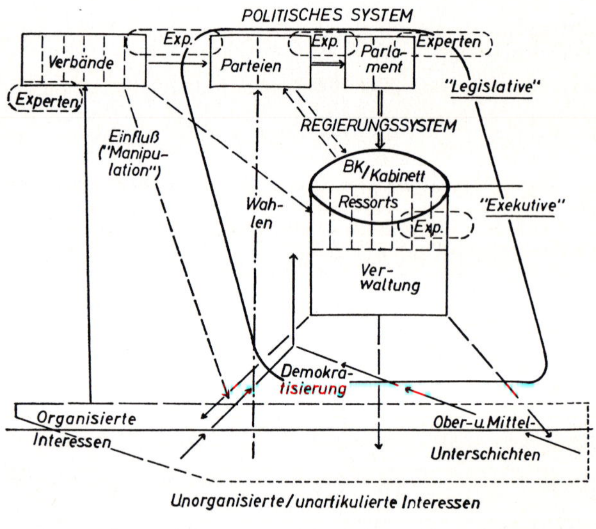

H. Mey, in: H. Krauch, Systemanalyse in Regierung und Verwaltung, Freiburg 1972.

Geographische Grunddaten

In der Bundesrepublik Deutschland leben zur Zeit 80 970 000 Menschen auf einer Fläche von 356 957 Quadratkilometern; 65 989 000 in den alten Bundesländern, in den neuen 15 691 000, wobei die Bevölkerungszahl in Ostdeutschland rückläufig ist.

Unterbrochene demokratische Tradition

Zum Verständnis des politischen Systems im wiedervereinigten Deutschland muß man die geschichtliche Entwicklung der Demokratie in Deutschland berücksichtigen. Das folgende Schaubild macht deren schwierigen Weg, der in Zusammenhang mit der gesellschaftlichen und wirtschaftlichen Entwicklung zu sehen ist, deutlich. Im Gegensatz zu anderen Ländern wurde die demokratische Tradition in Deutschland mehrfach unterbrochen, u.a. durch das Dritte Reich und dann durch das politische System der DDR.

BRD 1990, – ein Land mit zwei Geschichten

Die Bundesrepublik ist am 3.Oktober 1990 gewissermaßen wiedergegründet worden. Es wurden zwei Teile Deutschlands vereinigt, die über 40 Jahre durch ganz unterschiedliche politische Systeme geprägt worden waren. Den wichtigsten Einschnitt in deren Geschichte bildete das Ende des zweiten Weltkrieg und der damit verbundene Zusammenbruch des Dritten Reichs. Die westlichen Besatzungsmächte und die USA besetzten Süd-, West-und Norddeutschland, die Sowjetunion Mitteldeutschland zwischen Elbe und Oder. Während sich in den westlichen Besatzungszonen eine politische Ordnung nach dem Vorbild der westlichen Demokratien bildete, wurde in der sowjetischen Besatzungszone unter dem Einfluß der Sowjetunion eine kommunistische Gesellschafts-und Staatsordnung aufgebaut.

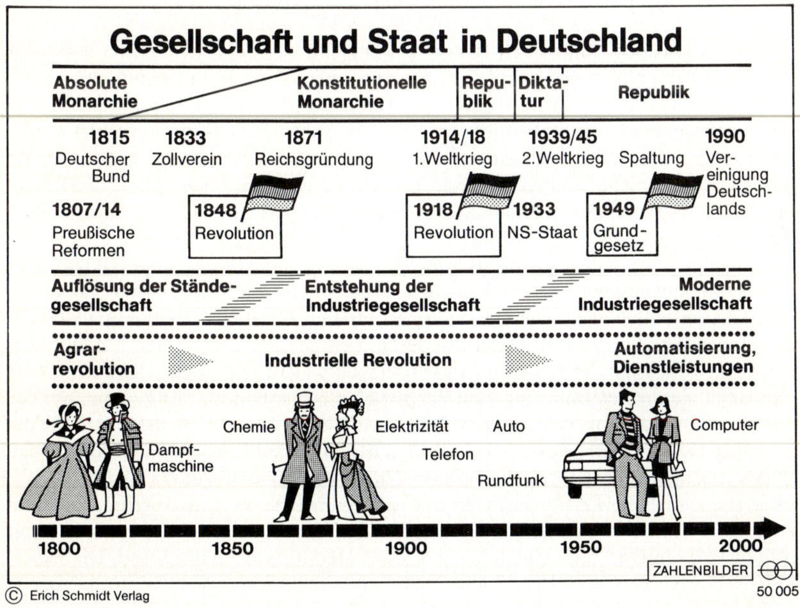

Nach der Gründung der Bundesrepublik und der DDR 1949 folgte 1955 die Aufnahme in das westliche Verteidigungssystem der NATO bzw. in den Warschauer Pakt. In beiden deutschen Staaten wurden völlig unterschiedliche Wirtschafts-,Sozial-, und Bildungssysteme aufgebaut, die auch das Denken und Handeln der dort lebenden Menschen 40 Jahre lang prägten.

Vereinigung durch Beitritt der DDR

Auf die verschiedenen Faktoren, die die Vereinigung der beiden deutschen Staaten möglich machten wie z.B. Reformpolitik Gorbatschows, Entspannungspolitik zwischen Ost und West, die Liberalisierung der politischen Verhältnisse in anderen Ostblockstaaten wie Polen oder Ungarn, Massenflucht aus und Protestbewegung in der DDR kann hier nicht im einzelnen eingegangen werden. Für die Struktur des politischen System der Bundesrepublik ist es wichtig, daß die DDR der alten Bundesrepublik beigetreten ist. Artikel 23 des GG besagt, daß das Grundgesetz zunächst in den westlichen Bundesländern gilt, mit folgender Ergänzung:“ In anderen Teilen ist es nach deren Beitritt in Kraft zu setzen."
Die neuen Bundesländer, die sich in der ehemaligen DDR gebildet hatten, schlossen sich am 3.Oktober 1990 der Bundesrepublik an und übernahmen deren Verfassung. Eine andere Möglichkeit für die Wiedervereinigung war im Art.146 vorgesehen, in dem es heißt: „Dieses Grundgesetz verliert seine Gültigkeit an dem Tage, an dem eine Verfassung in Kraft tritt, die vom deutschen Volke in freier Entscheidung beschlossen ist.“ Die Regierungen der beiden deutschen Staaten entschieden sich für den schnelleren Weg nach Art. 23, während u.a. die Bürgerbewegungen in der DDR eine Verfassungsdiskussion und -reform nach Art. 146 gefordert hatten.

Ein Staat– zwei Gesellschaften

Mit dem Beitritt der fünf neuen Bundesländer zur Bundesrepublik hatten diese zwar die Strukturprinzipien des politischen Systems übernommen; wirtschaftlich und gesellschaftlich sind aber die alten und neuen Bundesländer noch ganz verschieden. Der Aufbau leistungsfähiger Infrastrukturen in Wirtschaft, Verwaltung und Justiz, Bildungs- und Gesundheitssystem erfordert riesige Finanzmittel, was mit zu einer großen Staatsverschuldung geführt hat. Das größte Problem besteht in der Ablösung der zentralwirtschaftlichen Kommandowirtschaft durch die Marktwirtschaft mit dem Privateigentum an Produktionsmitteln. Der Treuhand wurde die Aufgabe übertragen, die ehemaligen „volkseigenen Betriebe“, deren Produktivität und Konkurrenzfähigkeit noch geringer war, als man zunächst angenommen hatte, zu sanieren, privatisieren oder stillzulegen. Die Umstrukturierung der Wirtschaft hat zu einer steigenden Arbeitslosigkeit in den neuen Bundesländern geführt. Die dortige Bevölkerung wurde unvorbereitet der scharfen Konkurrenz der westlichen Gesellschaft ausgesetzt und sehnt sich daher zum Teil nach der sozialen Sicherheit und Betreuung, die das DDR-System durchaus bot, zurück. Dazu kommen psychische Belastungen wie die Bewältigung der DDR-Vergangenheit, deren gesellschaftliche Bereiche durch den Staatssicherheitsdienst kontrolliert waren. Nicht zuletzt wurden durch westliche Politiker zunächst hohe Erwartungen an das neue politische System geweckt, die nicht oder sicher nicht so schnell erfüllt werden können. Man spricht sogar von einer „Wohlstandsgrenze“ oder einem neuen Ost-Westkonflikt in Deutschland. Die Vereinigung brachte tiefe gesellschaftliche Umbrüche und ließ neue Konflikte und Ängste aufbrechen, die sich gegen Fremde und Ausländer richten.

Arbeitslosigkeit

Eine große Herausforderung für das politische System wird in den nächsten Jahren die gerechte Verteilung von Arbeit sein. Mit über 4 Millionen erreichte die Zahl der Arbeitslosen in Gesamtdeutschland im Frühjahr 1994 einen Höchststand, wobei deren

Anteil in den alten Bundesländern 7,6% und 15,3 % in den neuen Bundesländern beträgt. Für die sinkende Nachfrage nach Arbeitskräften sind neben einem generell nachlassenden Wirtschaftswachstum (Konjunkturkrise) die schlechte Auftragslage in wichtigen Industrie- und Wirtschaftsbereichen wie z.B. der Automobil- und Maschinenbauindustrie (strukturelle Arbeitslosigkeit) und der damit verbundene Personalabbau maßgebend.

Wirtschaftsstandort Deutschland

Die vom Export in besonderem Maße abhängige Bundesrepublik ist u.a. einem verschärften Wettbewerb auf europäisch integrierten und globalisierten Märkten und dem Abwanderungsdruck in osteuropäische Billiglohnländer ausgesetzt. Die Sicherung des Wirtschaftsstandort Deutschland gehört daher zu den wichtigsten Aufgaben des politischen Systems.

Uneingeschränkte Souveränität

Durch die Vereinigung haben sich die außenpolitischen Rahmenbedingungen der größeren Bundesrepublik wesentlich verändert. Durch den „Zwei plus Vier-Vertrag“ vom 12.9.1990, den die beiden deutschen Staaten und die USA, die Sowjetunion, Großbritannien und Frankreich aushandelten, erhielt das vereinigte Deutschland nicht nur die uneingeschränkte Souveränität, sondern auch das Zugeständnis, daß es in seiner Bündnispolitik nicht eingeschränkt würde und somit Mitglied der NATO bleiben konnte. Voraussetzung für die Zustimmung der Sowjetunion, die sich auch bereit erklärte, innerhalb von drei Jahren aus dem Gebiet der ehemaligen DDR abzuziehen, war neben finanziellen Leistungen die Beschränkung der Bundeswehr auf 370 000 Mann, der Verzicht auf ABC-Waffen und die Anerkennung der politischen Westgrenze (Oder-Neiße Linie).

BRD und EU-Integration

Die westeuropäischen Staaten akzeptierten die Vereinigung auch unter der Perspektive, das größere vereinigte Deutschland nicht nur durch dessen Mitgliedschaft in der NATO, sondern auch in der Europäischen Gemeinschaft (EG) unter Kontrolle zu halten. Von der Bundesregierung war daher immer betont worden, daß der Prozeß der Vereinigung Deutschlands eingebettet sein müsse in einen zu intensivierenden Prozeß der europäischen Integration. Deutschland gehörte daher auch zu den wichtigsten Befürwortern des *Maastrichter Vertrages* (1991), der die EG von einer Wirtschaftsgemeinschaft zu einer politischen Union weiterentwickelte. Man nennt sie daher seit 1994 Europäische Union (EU). Die Verflechtung nationaler und europäischer Politik hat sich verstärkt. Das Gesetzgebungsrecht der Bundesrepublik wird schon in vielen Bereichen durch das Gemeinschaftsrecht der EG eingeschränkt bzw. ersetzt. Schon die alte Bundesrepublik war der Hauptnettozahler für die EG, die jedoch der deutschen Exportindustrie einen relativ problemlosen Markt sichert. 55% Prozent des bundesrepublikanischen Exports gingen 1989 in die EG, ein Anteil der nach der Vereinigung über 5O % bleiben dürfte. Die Umgestaltung von Wirtschaft und Gesellschaft in den neuen Bundesländern wurde von der EG zwischen 1991und 1993 mit ca.6 Milliarden DM unterstützt.

Deutschlands weltpolitische Rolle

Trotz dieser Bindung an NATO und EU stellt sich die Frage, welche Rolle das neue vergrößerte Deutschland in einer Welt spielen soll, die sich nach dem Ende des Ost-West-Konflikts neu strukturiert. Es steht zur Entscheidung an, ob es als die drittstärkste Wirtschaftsmacht der Welt stärker weltpolitische Verantwortung übernehmen soll, z.B. durch einen ständigen Sitz im Sicherheitsrat der Vereinten Nationen oder durch Teilnahme an deren Friedensaktionen.

Zur Entstehung des Grundgesetzes

Die Grundzüge der heutigen Verfassung der Bundesrepublik Deutschland wurden vom Parlamentarischen Rat, der sich aus 65 Vertretern der Länderparlamente der westlichen Besatzungszonen zusammensetzte, ausgearbeitet. Sie wurde bewußt als „Grundgesetz" bezeichnet, um die Vorläufigkeit der Verfassung und des westdeutschen Staates zu unterstreichen. Nach dessen Annahme durch den Parlamentarischen Rat wurde es durch die Länderparlamente der westlichen Besatzungszonen (mit Ausnahme Bayerns) verabschiedet und trat am 23.Mai 1949 in Kraft. Dazu war auch die Genehmigung der Alliierten notwendig gewesen, die unter anderem für den neuen Staat neben der Sicherung der parlamentarischen Demokratie eine föderalistische Binnenstruktur verlangt hatten.

Vom Grundgesetz zur gesamtdeutschen Verfassung

Das Grundgesetz ist zwar während der Zeit seines Bestehens 36mal verändert worden, jedoch in seiner Grundstruktur erhalten geblieben. Im Rahmen des Vereinigungspozesses forderten u.a. die ostdeutschen Bürgerbewegungen dessen Generalrevision; aber durch den Beitritt der fünf neuen Bundesländern nach Art. 23 GG war diese Frage zu Gunsten einer Übernahme des Grundgesetzes entschieden worden. Im Einigungsvertrag vom 18.9.1990, der von der Volkskammer der ehemaligen DDR und dem Bundestag verabschiedet wurde, war den gesetzgebenden Körperschaften empfohlen worden, das Verhältnis zwischen Bund und Ländern, die Frage der Staatsziele und die Frage einer Volksabstimmung über die Verfassung nach Art. 146 zu überprüfen. Durch die Änderung der Präambel des Grundgesetzes und die Aufhebung des Art. 23 war in diesem Vertrag auch deutlich gemacht worden, daß die Bundesrepublik nach der Vereinigung keinerlei weitere Besitzansprüche stellt. Das Problem der Grundgesetzreform wurde nach den ersten gesamtdeutschen Wahlen einer gemeinsamen Verfassungskommission übertragen, die sich aus je 32 Vertretern von Bundestag und Bundesrat entsprechend der Sitzverteilung der Parteien zusammensetzt. Der Bericht und die Vorschläge der Kommission, auf die wir im Rahmen der Behandlung der einzelnen Verfassungsprinzipien eingehen, lagen Ende 1993 vor.

Verfassungskern

Art. 20 GG deckt die Rahmenbedingungen des politischen Systems ab und wird daher auch als „Verfassung in Kurzform" bezeichnet:
(1) Die Bundesrepublik ist ein demokratischer und sozialer Bundesstaat.
(2) Alle Staatsgewalt geht vom Volke aus. Sie wird vom Volk in Wahlen und Abstimmungen und durch besondere Organe der Gesetzgebung, der vollziehenden Gewalt und der Rechtsprechung ausgeübt.
(3) Die Gesetzgebung ist an die verfassungsmäßige Ordnung, die vollziehende Gewalt und die Rechtsprechung sind an Gesetz und Recht gebunden.
(4) Gegen jeden, der es unternimmt, diese Ordnung zu beseitigen, haben alle Deutschen das Recht zum Widerstand, wenn andere Abhilfe nicht möglich ist.
Art.2O ist in Verbindung zu sehen mit Art.1 des GG, der die Unantastbarkeit der Menschenwürde als oberste Norm des GG erklärt und wie dieser unveränderbar. Neben den genannten Staatszielen wie z.B. Rechtsstaat soll nach den Vorschlägen der Verfassungskommission der Umweltschutz als zusätzliches Staatsziel aufgenommen werden. Im folgenden sollen die zentralen Prinzipien der Verfassung erläutert werden.

Demokratie

Das Grundgesetz geht zwar vom Prinzip der Volkssouveränität aus (d.h., alle Gewalt geht vom Volke aus), hat aber das repräsentative Prinzip besonders ausgestaltet (d.h., das Volk übt die Staatsgewalt vor allem mittelbar durch bestimmte Organe aus). Es grenzt sich ab gegen fundamentaldemokratische Vorstellungen, in denen die Identität der Regierenden und Regierten gefordert wird, und betont dagegen die Konkurrenztheorie der Demokratie, nach der von der Existenz unterschiedlicher individueller und Gruppeninteressen und damit von der Konkurrenz der Parteien, Verbände und anderen Gruppierungen ausgegangen wird. Im Gegensatz zur Weimarer Verfassung hat daher das GG die wichtige Funktion der Parteien im politischen System unterstrichen (Art. 21 GG).

Für und wider Demokratisierung

Diese beiden Demokratiekonzepte stehen auch hinter der Diskussion, ob das Volk stärker an politischen Entscheidungen beteiligt werden soll. Im Gegensatz zur Weimarer Verfassung, die die Direktwahl des Reichspräsidenten sowie Volksbegehren und -entscheide auf Reichsebene erlaubte, sind im Grundgesetz Volksentscheide nur noch für den Sonderfall der Neugliederung für die Bundesländer zugelassen. Nach der Wiedervereinigung wurde in der Verfassungskommission und in der Öffentlichkeit die Frage von Volksabstimmungen verstärkt diskutiert. Derartige Vorschläge wurden bisher u.a. mit dem Hinweis auf Weimarer Erfahrungen, daß eine stärkere Beteiligung des Volkes von extremen politischen Kräften zu Agitationszwecken mißbraucht werden könnte, abgelehnt. Vom jeweiligen Demokratieverständnis hängt auch die Entscheidung über die Frage ab, ob die Demokratie nur ein Organisationsprinzip des Staates sei, oder ob auch andere gesellschaftliche Bereiche wie Betriebe, Schulen, Universitäten stärker demokratisiert werden sollen.

„Wehrhafte Demokratie"

Im Gegensatz zur Weimarer Verfassung wurde im Grundgesetz versucht, die freiheitlich-demokratische Grundordnung stärker zu sichern. Der vorher erwähnte Verfassungskern ist unantastbar; die Änderungen der Verfassung bedürfen der Zustimmung von zwei Dritteln der Mitglieder des Bundestages und des Bundesrates. Außerdem können verfassungsfeindliche Parteien und Vereinigungen (Art. 21 und 9) verboten und bestimmte Grundrechte von Einzelpersonen, die diese zum Kampf gegen die freiheitlich-demokratische Grundordnung mißbrauchen, verwirkt werden. Allerdings besteht auch die Gefahr, daß das Prinzip der „streitbaren Demokratie" von den etablierten politischen Parteien und Gruppierungen mißbraucht wird, um das Aufkommen neuer politischer Kräfte zu verhindern.

Rechtsstaatlichkeit

Angesichts der Erfahrungen mit dem nationalsozialistischen Unrechtsstaat wurde im Grundgesetz auf die Ausgestaltung des Rechtstaates besonderen Wert gelegt. Darunter ist vor allem der rechtlich gebundene, in seiner Macht beschränkte, der Willkür entsagende Staat gemeint.

Grundrechte

Den Grundrechten (Art.1-19), die in ihrem Wesensgehalt unantastbar sind, wurde im Grundgesetz – nicht nur weil sie an dessen Anfang stehen – eine vorrangige Stellung eingeräumt. Man kann „liberale Abwerrechte" wie Freiheit der Person, Gleichheit vor dem Gesetz, Schutz des Briefgeheimnisses oder Unverletzlichkeit der Wohnung usw., die gegenüber staatlichen Eingriffen, aber auch gegenüber anderen Einzelpersonen und Gruppierungen schützen, und „demokratische Mitwirkungsrechte" wie Meinungs-, Versammlungs-und Pressefreiheit und nicht zuletzt das Wahlrecht unterscheiden. Die Grundrechte binden Gesetzgebung, die vollziehende Gewalt und die Rechtssprechung als unmittelbares Recht.

Rechtssicherheit

Die Rechtssicherheit des einzelnen Bürgers gewährleisten u.a.
- der Vorrang der Verfassung, an die auch der Gesetzgeber gebunden ist (Art. 20 Abs. 2, Art. 79, Art. 19 Abs. 2 GG);
- die Gesetzmäßigkeit der Verwaltung(Art. 20 Abs. 2);
- der umfassende Rechtsschutz vor allem gegen Akte der öffentlichen Gewalt (Art. 19 Abs. 4) durch eine unabhängige, allein an das Gesetz gebundene Justiz;
- der Grundsatz der Vorausberechenbarkeit und Meßbarkeit des Staatshandelns (vor allem der strafrechtliche Grundsatz: nulla poena sine lege = keine Strafe ohne Gesetz, Art. 109, Abs. 2).

Rechtsgleichheit

Die Rechtssicherheit wird ergänzt durch den Gesichtspunkt der Rechtsgleichheit. Gesetze gelten für alle gleich; alle sind vor dem Gesetz gleich. Der Abbau ständischer, rassischer, aber auch religiöser Schranken ist das Ergebnis eines langwierigen historischen Prozesses. Die Rechtsgleichheit wird ergänzt durch das Sozialstaatspostulat, das im übernächsten Abschnitt behandelt wird.

Gewaltenteilung

Zu den Prinzipien des Rechtsstaates gehören nicht zuletzt die Gewaltenteilung: d.h. durch die Aufteilung der Macht soll der Mißbrauch der Staatsgewalt verhindert und der Freiheitsspielraum der einzelnen Bürger gesichert werden. Die von Montesquieu am Beispiel der englischen Verfassung entwickelte Trennung von Legislative, Exekutive und Judikative ist Bestandteil des liberalen Verfassungsgedankens. Das präsidentielle System der USA kommt dieser Theorie am nächsten, da es sich durch eine relativ strenge Trennung von Parlament und Regierung auszeichnet. In den parlamentarischen Systemen wie z.B. Großbritanniens und der Bundesrepublik haben wir dagegen eine Verschränkung von parlamentarischer Mehrheit und der Regierung, der als Gegenspielerin die parlamentarische Opposition gegenübertritt. Als wichtigstes Element der Gewaltenteilung bleibt jedoch die Unabhängigkeit der Gerichte und die Rolle des Bundesverfassungsgerichts als „Hüter der Verfassung".

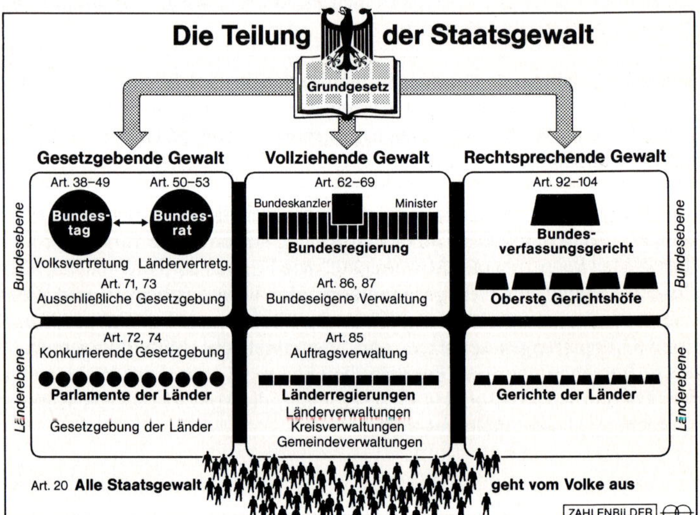

Sozialstaat – soziale Grundrechte?

Das Prinzip des „sozialen Staates“ (Art.2O Abs.1 GG) wird im Gegensatz zu anderen Verfassungsprinzipien im Grundgesetz kaum weiter ausgeführt. In der Verfassungskommission des Bundestages und in der Öffentlichkeit wurde die Aufnahme sozialer Anspruchsrechte wie das Recht auf Arbeit, Bildung oder eine menschenwürdige Wohnung, die u.a.in der DDR-Verfassung enthalten waren, diskutiert. Neben den auf den Staat zukommenden zu hohen finanziellen Verpflichtungen wurde dagegen eingewandt, solche Grundrechte zwängen den Staat zu ständigem Eingreifen in die Marktwirtschaft und dieTarifautonomie.

Wirtschaftsordnung

Das Grundgesetz sichert zwar das Recht auf Eigentum, betont aber dessen Sozialbindung und sieht zudem die Vergesellschaftung der Produktionsmittel vor (Art.14/15). Die Frage nach der Wirtschaftsordnung oder dem Wirtschaftssystem ist im Grundgesetz nicht eindeutig entschieden und damit offengeblieben.

Bundesstaat

Die föderalistische Struktur gehört zu den unantastbaren Prinzipien der „Bundesrepublik“. Daher ist man auch nach dem Beitritt der fünf neuen Bundesländer bei dieser Bezeichnung geblieben. Kennzeichen des Bundesstaates ist die Aufteilung der Staatsgewalt zwischen Gesamtstaat und mehreren Gliedstaaten. Man spricht daher auch von einer vertikalen Gewaltenteilung in Analogie zu der schon aufgezeigten *horizontalen Gewaltenteilung* zwischen Exekutive, Legislative und Judikative (vgl. dazu auch das Schaubild auf S. 10). Aufgaben und Befugnisse sind zwischen den verschiedenen Ebenen aufgeteilt, wobei man mit Einschränkung auch die kommunale Ebene hinzurechnen kann. Daß das föderalistiche Prinzip im Grundgesetz so stark betont wurde, ergab sich einmal aus den Erfahrungen des Dritten Reichs, wo die Nationalsozialisten die Länder zu einem Einheitsstaat gleichgeschaltet hatten. Auch in der ehemaligen DDR waren die Länder 1952 abgeschafft und ein zentral geführter Einheitsstaat geschaffen worden. Die alten und die neuen Bundesländer sehen in der Vereinigung auch eine Chance zur Reföderalisierung der Bundesrepublik.
Neue Probleme ergeben sich für den Föderalismus durch die Europäischen Union, wo die Bundesländer befürchten, daß mit Integrationsfortschritten ihre eigenen Befugnisse eingeschränkt werden. Nach den Vorschlägen der Verfassungskommission soll im GG die Mitwirkung der Bundesländer in den EU-Entscheidungsprozessen abgesichert werden.

Umweltschutz als neues Staatsziel

Nachdem der Umweltschutz als Staatsziel schon in die Verfassungen einiger Bundesländer aufgenommen worden war, waren sich die Parteien auch auf Bundesebene einig, daß das Anliegen des Umweltschutzes auch im Grundgesetz verankert werden soll. Umstritten war nur die Formulierung des entsprechenden Zieles. Die Gemeinsame Verfassungskommission von Bundestag und Bundesrat empfahl schließlich nach langen Beratungen nach Art.2OGG folgenden Art.2Oa GG anzufügen:
„Der Staat schützt auch in Verantwortung für die künftige Generation die natürlichen Lebensgrundlagen im Rahmen der verfassungsmäßigen Ordnung durch die Gesetzgebung und nach Maßgabe von Gesetz und Recht durch die vollziehende Gewalt und die Rechtssprechung.“

Wahlrecht

Durch die Wahlen für den Bundestag, das Europäische Parlament, die Landtage, die Gemeinde- und Kreisvertretungen können die Bürgerinnen und Bürger auf die politische Willensbildung Einfluß nehmen. Das Wahlrecht ist nach Art.38 GG allgemein (also ohne Ausschluß irgendwelcher Gruppen wie im Zensuswahlrecht), unmittelbar (ohne Zwischenschaltung von Wahlmännern), frei (ohne äußeren Zwang), gleich (ohne unterschiedliche Gewichtung der Stimmen wie im Dreiklassenwahlrecht) und geheim. Die Wahlfreiheit des Bürgers wird jedoch dadurch eingeschränkt, daß die Kandidaten fast ausschließlich von den Parteien aufgestellt werden, die den Apparat und die entsprechenden Mittel für den Wahlkampf zur Verfügung haben.

Wahlsystem bei der Bundestagswahl

Das Wahlsystem, nach dem der deutsche Bundestag gewählt wird, nennt man Verhältniswahlrecht (siehe Schaubild). Das Verhältnisprinzip wird durch die Fünf-Prozent-Sperrklausel eingeschränkt: Bei der Zuteilung der Parlamentssitze werden nur die Parteien berücksichtigt, die mindestens 5% der gültigen Zweitstimmen im Bundesgebiet erhalten (Sonderregelung zur Bundestagswahl 1990: im alten Bundesgebiet oder im Gebiet der ehemaligen DDR) oder mindestens drei Wahlkreismandate gewonnen haben. Diese Regelung soll die Bundesrepublik vor einem Vielparteiensystem, wie wir es in der Weimarer Republik hatten, bewahren.

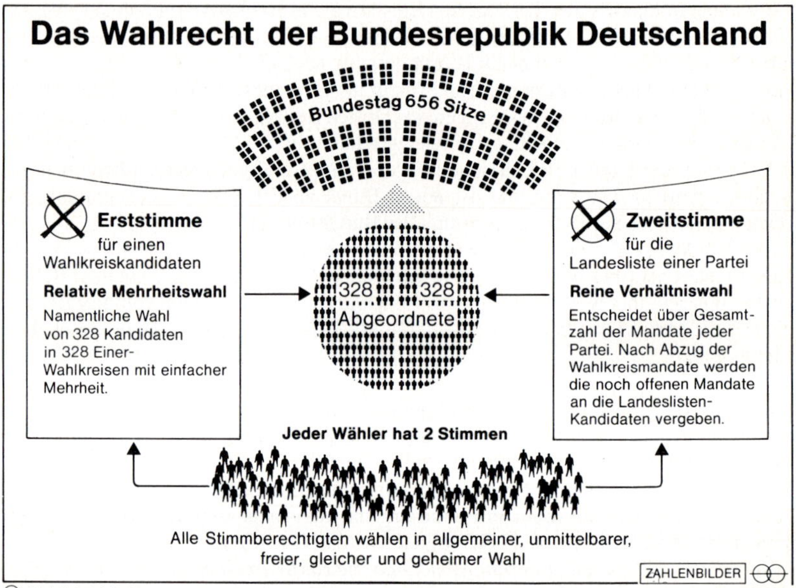

© Erich Schmidt Verlag 86 010

Mehrheitswahl oder Verhältniswahlsystem

In der Geschichte der Bundesrepublik wurde öfter die Änderung des Wahlrechtes zugunsten eines Mehrheitswahlsystems diskutiert, bei dem die Kandidaten gewählt werden, die in einem Wahlkreis die einfache Mehrheit bekommen. Nach Meinung von dessen Befürwortern übt es im Regierungssystem eine stabilsierende Wirkung aus und ermöglicht dem Wähler eine echte Alternative zwischen Regierungs- und Oppositionspartei. Auf der anderen Seite wird die Gerechtigkeit des Verhältniswahlrechtes hervorgehoben.

Erklärungsmodelle für das Wählerverhalten

Es ist schwierig, die Motive und die Faktoren, die Wahlentscheidung der Bürgerinnen und Bürger bestimmen, zu erfassen. In der Wahlforschung unterscheidet man folgende Ansätze:

Soziologischer Ansatz

Der soziologische Gruppenansatz sieht das Wählerverhalten bestimmt durch sozialen Status, Beruf, Konfession, Stadt, Land sowie durch die Gruppenbindungen in Primär- und Sekundärumwelten. Man unterscheidet die Primärumwelt wie Freunde, Familie, Kollegen, Arbeitsplatz und die Sekundärumwelt wie Vereine und Verbände, denen der potentielle Wähler angehört. In diesem Zusammenhang spielen z.B. die Konfessions- oder Gewerkschafts-und Schichtzugehörigkeit eine wichtige Rolle. Wenn diese sozioökonomischen Faktoren und die Kommunikation in den Primärgruppen zusammenwirken, kann man politisch-soziale Milieus ausmachen: ein CDU-nahes katholisches, ein gewerkschaftlich-sozialdemokratisches Milieu, Überreste liberaler Traditionsgebiete und neuerdings ein alternativ-linkes Milieu in Universitätsstädten. Allerdings scheinen die Bindungen an Schichten, Organisationen, Konfessionen und soziale Milieus an Bedeutung zu verlieren. Die Zahl der sogenannten Stammwähler geht gegenüber der der Wechselwähler zurück.

Sozialpsychologischer Ansatz

Der stärker sozialpsychologische Ansatz sieht die Wahlentscheidung des einzelnen eher als eine Reaktion auf die politischen Aspekte seiner Umwelt. Dazu gehören die Orientierung an politischen Problemen und Streitfragen, die Sympathie für eine Partei bzw. für einen bestimmten Kandidaten. Die Wähler richten sich bei ihrer Entscheidung danach, welche Partei oder welcher Politiker Probleme wie Vollbeschäftigung, Umweltschutz, soziale Gerechtigkeit ihrer Meinung nach am besten lösen kann (Problemlösungskompetenz).

Nationalökonomisch orientierter Ansatz

Der nationalökonomische Ansatz stellt das Kosten-Nutzen Kalkül des Wählers in den Vordergrund. Er wählt in der Regel die Partei, von deren Regierungspartei er sich den größten Vorteil verspricht. Dabei spielen wirtschaftliche Faktoren eine wichtige Rolle bei der Wahlentscheidung.

Bewertung

Die angedeuteten Ansätze widersprechen sich nicht unbedingt, sondern ergänzen sich gegenseitig. Außerdem entscheidet sich der Wähler je nach Systemebene verschieden, indem er bei Bundes-Landtags- oder Kommunalwahlen zum Teil andere Parteien wählt. Insgesamt scheinen die gesellschaftlichen Gruppenbindungen an Bedeutung zu verlieren; das Wahlverhalten wird individueller und wohl auch rationaler.

Wahlkampf

Die Funktion des Wahlkampfes ist in der Öffentlichkeit umstritten. Der Anteil Wähler, die bei einer Wahl die Partei wechseln ist, steigt, so daß es bei den Wahlkämpfen einmal darum geht, die potentiellen Wähler für sich zu gewinnen. Zum anderen dient der Wahlkampf der Mobilisierung der Stammwähler. Bei der professionell angelegten Werbung der Parteien, die die Bürgerinnen und Bürger z.B.in Wahlversammlungen direkt kaum erreicht, spielen die Massenmedien, vor allem das Fernsehen, eine immer wichtigere Rolle.

Wahlbeteiligung

Die Bundesrepublik fiel lange Zeit im internationalen Vergleich durch eine hohe Wahlbeteiligung auf, die allerdings in den letzten Jahren nachgelassen hat. Die Wahlenthaltung hängt auch mit der steigenden negativen Bewertung der politischen Parteien zusammen. Auf der anderen Seite wird betont, der Wähler habe durchaus die Möglichkeit, über alternative Sachprogramme und personelle Angebote zu entscheiden und durch den Wahlakt das politische System als Ganzes zu legitimieren.

Funktion

Im Gegensatz zur Weimarer Verfassung hebt das Grundgesetz die besondere Bedeutung der Parteien in Art.21 (1) hervor:
„Die Parteien wirken bei der politischen Willensbildung des Volkes mit. Ihre Gründung ist frei. Ihre innere Ordnung muß demokratischen Grundsätzen entsprechen. Sie müssen über die Herkunft ihrer Mittel öffentlich Rechenschaft geben."
Sie bilden somit den entscheidenden Transmissionsriemen zwischen dem Volk und den staatlichen Organen.
Im einzelnen lassen sich die Aufgaben der Parteien folgendermaßen beschreiben:
- Formulierung politischer Ziele und gesellschaftlich-politischer Problemlösungsvorschläge u.a.in Form von Programmen,.
- Bildung und Ausgleich gesellschaftlicher Interessen,
- Politische Aktivierung und Bildung der Bürgerinnnen und Bürger,
- Heranbildung von politischem Personal und einer politischen Elite,
- Aufstellung von Kandidaten für öffentliche Ämter und Regierungsbildung,
- Politische Werbung und Führung von Wahlkämpfen.

Entstehung der Parteien

In Deutschland entstanden die ersten Parteien nach der Revolution von 1848. Es bildeten sich vier politische Hauptrichtungen: die konservativen Parteien, die bürgerlichen Liberalen, das katholische Zentrum, die Sozialdemokratie, von der sich 1919 die Kommunistische Partei abspaltete. Eine zentrale Bedeutung erreichten die Parteien erst mit der vollen Parlamentarisierung und der Einführung des allgemeinen gleichen Wahlrechts 1918, wenn sie auch in der Weimarer Verfassung noch nicht positiv erwähnt werden. In der Weimarer Republik (1919-1933) gab es eine Vielzahl von Parteien, was nicht zuletzt an der Verhältniswahl lag. Dadurch gelang es auch kleinen Parteien, bereits mit geringen Wählerstimmen Abgeordnete ins Parlament zu schicken. Nach der Machtübernahme durch die Nationalsozialisten und deren Nationalisozialistische Arbeiterpartei (NSDAP) 1933 wurden die anderen Parteien verboten.

Wiedergründung in den westlichen Besatzungszonen nach 1945

Nach dem Zusammenbruch des Dritten Reichs hatten sich – zunächst ohne „Lizenz" der Besatzungsmächte – im Anschluß an die Gruppierungen der Weimarer Republik Parteien gebildet. Am ehesten konnte dabei die SPD an alte Traditionen und Organisationsstrukturen anknüpfen. Neu im Parteienspektrum war dagegen die CDU, in der sich ehemalige Mitglieder des Zentrums, der Konservativen und z.T. auch liberaler Parteien zusammenfanden. Dabei spielte der Gedanke der Union der Christen beider Konfessionen eine tragende Rolle. Die später von den Alliierten erfolgte Lizenzierung der Parteien führte zu einer Präformierung des westdeutschen Parteiensystem mit zwei eigenständigen Gruppen der Arbeiterbewegung (SPD und KPD) und einem bürgerlichen Lager mit mehr konservativen und liberalen Gruppen (CDU und FDP). In allen Parteien überwogen zunächst sozialreformerische Tendenzen bis hin zu Sozialisierungsforderungen der CDU (z.B. das vielzitierte Ahlener Programm der nordrheinwestfälischen CDU 1947).

Gleichschaltung der Parteien in der SBZ

In der sowjetisch-besetzten Zone (SBZ) wurden schon 1945 antifaschistische Parteien zugelassen: die KPD, die SPD, die beiden bürgerlichen Parteien: CDU und die Liberaldemokratische Partei (LDPD). Doch kam es schon bald zur Gleichschaltung des Parteiensystems unter kommunistischer Führung , wie die Zwangsvereinigung von KPD und SPD zur Sozialistischen Einheitspartei (SED) im April 1946 zeigt. Kennzeichen dieser Blockpolitik war der Führungsanspruch der SED. Zur Einheitsfront in der ehemaligen DDR gehörten u.a. auch die Nationaldemokratische Partei Deutschlands und die Demokratische Bauernpartei (DBD), die auf Initiative der SED gegründet worden waren und wie die CDU und die LDPD auch den Zweck hatten, z.B. Handwerker und Händler sowie die Mitglieder der Kirchen an den sozialistischen Staat heranzuführen.

Parteienkonzentration in der BRD

Die Entwicklung des Parteiensystems in der 1949 in den Westzonen gegründeten Bundesrepublik war durch ein Zweiparteiensystem mit einer dritten Kraft gekennzeichnet (CDU/CSU; SPD; FDP). Im ersten Bundestag waren noch zwölf Parteien vertreten. Die Gründe für diesen Konzentrationsprozeß sind verschiedenartig:
– Durch die Einführung der 5%-Klausel wurde den kleineren Parteien der Zugang erschwert.
– Durch das in Art. 21 Abs.2 GG vorgesehene Verbot von Parteien, die nicht auf dem Boden des Grundgesetzes stehen, wurde 1952 die rechtsstehende Sozialistische Reichspartei (SRP) und 1956 die Kommunistische Partei Deutschlands ausgeschaltet.
– Da sich im Gegensatz zur Weimarer Republik die Wirtschaft sowie die Sozial-und Staatsordnung der Bundesrepublik relativ rasch konsolidierte, gab es keinen Ansatzpunkt für die Bildung neuer Parteien. So schied mit zunehmender Integration der Vertriebenen auch der Block der Heimatvertriebenen und Entrechteten (BHE) aus dem Bundestag aus.
–Weitere Ursachen für das Verschwinden kleinerer Parteien waren auch die Integrationsfähigkeit der CDU unter Konrad Adenauer und die Entwicklung der SPD zur Volkspartei.

Die Grünen

In den 70er-Jahren ist es den Grünen, die sich als neue Partei aus Bürgerinitiativen und Teilen der Friedensbewegung gebildet hatte, gelungen, in die meisten Landtage und 1983 in den Bundestag einzuziehen.

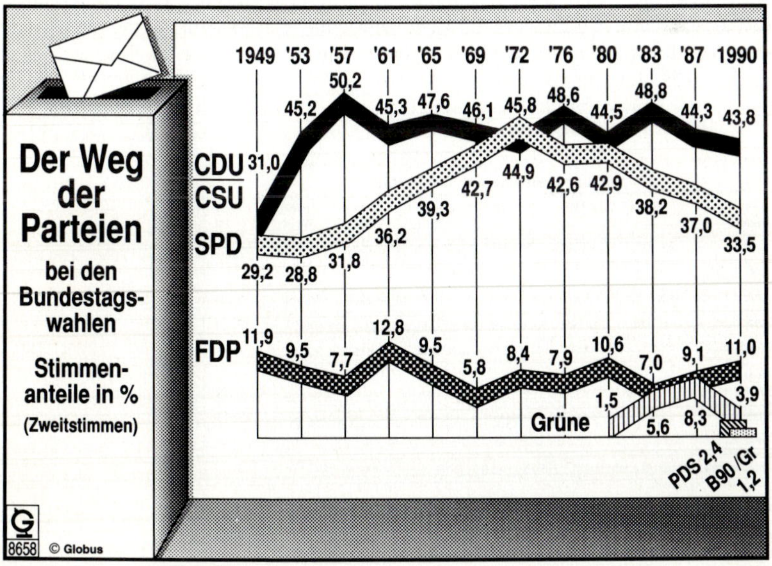

Zwei „Lager“ - System

Trotz dieser Differenzierung blieben die CDU/CSU und SPD weiterhin die maßgebenden Parteien, die auf der einen Seite mit der FDP und auf der anderen Seite mit den Grünen ein „Lager“ bildeten, zwischen denen es einen besonders intensiven Stimmenaustausch gibt. Die Grünen sind bisher auf Länderebene nur Koalitionen mit oder unter Beteiligung der SPD eingegangen, während die FDP nur dann mit der SPD und anderen Parteien koalierte, wenn sie mit der CDU keine parlamentarische Mehrheit hatte.

Parteiensystem nach der Wiedervereinigung

Die Wiedervereinigung führte zu einer weiteren Veränderung im Parteiensystem. Die CDU und FDP nahmen Teile der ehemaligen Blockparteien der DDR, der Ost-CDU und der Liberaldemokratischen Partei auf. Diese hatten sich zwar in einer weitgehenden Abhängigkeit von der SED befunden, besaßen aber eine eigene Infrastruktur wie Parteigebäude und Zeitungen. Aus der SED ging die PDS als „Partei des demokratischen Sozialismus“ hervor, die 1990 in den Bundestag kam, da sie in dem Gebiet der ehemaligen DDR auf 11,1 % kam. Während die Grünen im westlichen Wahlgebiet an der 5%-Klausel scheiterten, gelang es im östlichen Wahlgebiet dem Bündnis 90/Grüne, das aus Bürgerrechtsgruppen und den Grünen in der ehemaligen DDR entstanden war, in den Bundestag zu kommen.

Rechtsextreme Parteien

Rechtsextremistische Parteien blieben bisher auf Bundesebene erfolglos. Die wirtschaftliche Rezession Mitte der 60er-Jahre sowie das durch die große Koalition entstandene politische Vakuum und die Angst vor der außerparlamentararischen Opposition führten dazu, daß die rechtsstehenden Nationaldemokraten (NPD) für eine Legislaturperiode in 7 Landtage gewählt wurden. 1992 kamen die Republikaner in den baden-württembergischen und die Deutsche Volksunion (DVU) in den schleswig-holsteinischen Landtag. Seit Beginn der neunziger Jahre hat die Zahl der rechtsextremen Gruppierungen, die Haß und Gewalt gegen Ausländer propagieren, zugenommen.

Mitgliederstruktur

Den Parteien ist es noch nicht gelungen, eine ihrer politischen Bedeutung entsprechende Zahl von Mitgliedern zu gewinnen. Ihre Gesamtzahl beträgt in Gesamtdeutschland nur 3,2% der Wahlberechtigten. Dieser Anteil, der im Vergleich zu anderen westlichen Demokratien relativ niedrig ist, schwankte im Verlaufe der Geschichte der Bundesrepublik und ist in den letzten Jahren noch mehr gesunken.

Mitgliederentwicklung der Parteien

Parteien	1970	1980	1989	1991 West	1991 Ost	1992 West	1992 Ost
CDU	329.000	693.320	668.115	641.454	109.709	619.579	94.267
CSU (Bayern)	93.000	172.000	185.853	184.513		181.757	
SPD	820.202	986.872	921.430	892.657	28.296	860.214	25.744
FDP	57.000	84.208	65.485	ca. 67.000	ca. 70.000	ca. 65.000	ca. 37.000
GRÜNE *		18.000	41.171	37.533	1.340	36.102	1.149
BÜNDNIS 90/ Grüne *							ca. 2.700
PDS (SED)		2.062.875	1.700.000	ca. 400	185.254	ca. 600	149.400
REP			ca 25.000	ca. 20.000		ca. 23.000	

Hinweis: Daten jeweils zum Jahresende; * GRÜNE und BÜNDNIS 90/Grüne sind seit Mai 1993 eine Partei.
Quelle: Auskunft der Parteien.

Aktualitätendienst. Stuttgart 1994, S. 92.

Sozialstruktur/ Anteil der Frauen

Bei der beruflichen und sozialen Zusammensetzung der Mitglieder zeigt sich ein Übergewicht der Beamten, Angehörigen des öffentlichen Dienstes und der Selbständigen, während Arbeiter, Rentner, Jugendliche und vor allem Frauen unterrepräsentiert sind. Diese bemühen sich, ihre Zahl nicht nur innerhalb der Mitglieder, sondern auch in den Führungspositionen der Parteien zu erhöhen. Umstritten ist, ob man den Frauen durch Parteibeschlüsse von vornherein bestimmte Anteile bzw. Quoten für Parteigremien bzw. Kandidatenlisten zuweisen soll, wie es die SPD mit 40% und die Grünen mit 50% beschlossen haben.

Mitbestimmung der Mitglieder

Welche Möglichkeiten hat nun das einzelne Mitglied, den Kurs seiner Partei mitzubestimmen? Nach Art. 21 der GG muß die innere Ordnung demokratischen Grundsätzen entsprechen. Auch das Parteiengesetz, die Satzungen und die Organisationsstatuten bestimmen, daß die Willensbildung von unten nach oben gehen muß. Der Organisationsaufbau zeigt bei den verschiedenen Parteien ein ähnliches Bild. Die Organisationswirklichkeit entspricht jedoch nicht dem demokratischen Anspruch. Von den Parteimitgliedern nehmen in der Regel höchstens ein Viertel aktiv – etwa durch Versammlungsbesuch – am Parteileben teil.

Oligarchische Tendenzen

Der Soziologe Robert Michels hat schon 1911 bei den sozialistischen Parteien ein „ehernes Gesetz der Oligarchie“ festgestellt, d.h., daß die Parteien in der Regel von wenigen beherrscht werden. Er nennt folgende Gründe für die Oligarchiebildung:
– technisch-administrative, z.B. die Schwierigkeiten direkter Mitbestimmung von Massen, der Zwang zur effizienten Organisation und der Charakter der Parteien als Kampforganisationen;
– psychologische Gründe wie das Führungsbedürfnis von einzelnen und die Dankbarkeit und das Verehrungsbedürfnis von Massen, das gewohnheitsmäßige Recht von Führern auf Wiederwahl;
– intellektuelle Gründe wie die Heranbildung einer sachlichen und formalen Überlegenheit bei der Führungsgruppe (Organisations- und Spezialwissen der Parteiführung).
Michels hat ohne Zweifel einige wichtige Faktoren für die bestehende Machtstellung der Parteiführungen herausgearbeitet. Problematisch ist jedoch, daß er in der Oligarchiebildung eine fast naturgesetzliche Notwendigkeit sieht.

Ansätze zur Demokratisierung

Die Parteiführungen können keineswegs völlig unabhängig von ihren Mitgliedern handeln. Sie bemühen sich z.T. im vorhinein, den Wünschen der Mitglieder oder der Parteitagsdelegierten zu entsprechen (Prinzip der antizipierten Reaktion). Bei den Kandidatenaufstellungen für die Bundes-und Landtagswahlen lassen sich die unteren Parteigliederungen nicht ohne weiteres Kandidaten von der Parteispitze aufdrängen. Nicht zuletzt gibt es durchaus Möglichkeiten, die Mitglieder stärker an Personal-und Sachentscheidungen zu beteiligen, wie die Mitgliederbefragung bei der Wahl des SPD-Parteivorsitzenden Scharping 1993 zeigte. Die Parteiführungen bilden keineswegs eine geschlossenen Gruppe wie Robert Michels angenommen hat. In allen Parteien gibt es Gruppen und Koalitionen, die bei den verschiedenen Entscheidungsprozessen konkurrieren. So gibt es in der CDU innerparteiliche Gegensätze zwischen Junger Union, der Vertretung der Arbeitnehmerschaft in den Sozialausschüssen und den Vereinigungen des Mittelstandes und der Industrie. Daneben spielen in allen Parteien die regionalen Gliederungen eine wichtige Rolle. Diese Ansätze zu einem innerorganisatorischen Wettbewerb schränken die Macht der Parteiführung zumindest ein.

Finanzierung

Die Parteien müssen nach Art.21 GG Rechenschaft über die Herkunft ihrer Mittel geben. Mit dieser Bestimmung wollte man u.a.verhindern, daß die Parteien in finanzielle Abhängigkeit von Gruppen und Einzelpersonen kommen. Allerdings haben die verschiedenen Versuche einer gesetzlichen Regelung und verschiedene Urteile des Bundesverfassungsgerichtes gezeigt, daß es schwierig ist, dieses Problem zu lösen.Die folgende Übersicht macht deutlich, daß sie allein mit den Mitgliedsbeiträgen ihre Organisation nicht aufrechterhalten können.

Einnahmen der Parteien

Quelle	SPD	CDU	CSU	FDP	Grüne
		Anteil (%)			
Wahlkampf-kostenerstattung	36	36	38	40	49
Spenden	10	20	33	36	31
Mitglieds-beiträge	54	44	29	24	20
Einnahmen		(Mio DM)			
Insgesamt	211,8	194,9	51,0	38,4	27,3

Der Spiegel Nr. 8, 22. 2. 1993.

Spenden

Problematisch sind in diesem Zusammenhang vor allem die Spenden, da sich hier u.a. das Problem der Chancengleichheit der Bürger, auf die politische Willensbildung Einfluß zu nehmen, stellt, vor allem wenn die Zuwendungen an Parteien auch noch steuerlich begünstigt werden. Der Bundestag hat daher 1993 die steuerliche Abzugsfähigkeit für Parteispenden von 120 000 DM für Verheiratete und 60 000 M für Ledige auf 12 000/6 000 DM gesenkt.

Staatsfinanzierung

Um die Parteien von Spenden unabhängig zu machen, erhalten sie auch öffentliche Mittel: ab 1994 eine DM für jede Wählerstimme aus Steuergeldern, für die ersten fünf Millionen aber 1,30 DM. Dazu kommen noch 50 Pfennig für jede DM Beitrags-oder Spendeneinnahme. Außerdem erhalten sie Zuwendungen des Staates für die Parteistiftungen, die Jugendorganisationen und die Arbeit der Fraktionen im Bundestag und den Landtagen.

Kritik an den Parteien

Die Kritik an den Parteien und ihrer Rolle im politischen System hat in den letzten Jahren zugenommen. Man spricht sogar von Parteienverdrossenheit. Die Bürgerinnen und Bürger trauen ihnen immer weniger zu, bestimmte Probleme wie Arbeitslosigkeit, Umweltschutz oder Wohnungsnot zu lösen. Kritisiert werden u.a. auch ihr großzügiger Umgang mit öffentlichen Geldern, ihr zu großer Einfluß bei der Vergabe öffentlicher Ämter. Bundespräsident Richard von Weizsäcker hat den Parteien vorgeworfen, ihr Einfluß gehe weit über das hinaus, was im Grundgesetz vorgesehen sei: "Er reicht direkt oder indirekt in die Medien und bei der Richterwahl in die Justiz, aber auch in die Kultur, den Sport, in kirchliche Gremien und Universitäten... Und das bekommt den Parteien nicht, gerade weil wir die Parteien brauchen."

Das Grundgesetz gibt den Bürgerinnen und Bürgern das Recht, sich in Vereinen und Verbänden zusammenzuschließen, um die eigenen Interessen gemeinsam mit anderen zu vertreten (Art.9). Die Tatsache, daß es in der Bundesrepublik etwa 200 000 Vereinigungen gibt, wovon etwas 4 000 ausdrücklich politische Ziele haben, spiegelt die unterschiedlichen Bedürfnisse und Interessen in der Gesellschaft wieder.

Zur Geschichte

Historisch sind diese Gruppen eine typische Erscheinung der Industriegesellschaft. In dem Maße wie sich im Laufe des 19. Jahrhunderts ständische Bindungen lösten, war es für den einzelnen notwendig, sich in Verbänden zu organisieren, die Einzelinteressen zusammenfassen und im politischen Willensbildungsprozeß zur Geltung bringen sollten (Koalitionsfreiheit 1887 in Preußen). So entstanden in dieser Zeit neben einer Fülle von Geselligkeitvereinigungen Interessenvertretungen von Industrie, Handwerk, Landwirtschaft und der Arbeiter in der Gewerkschaftsbewegung.

Funktionen

Begrifflich spricht man heute bei den Gruppierungen mit politischen Zielen von Interessenverbänden und Interessengruppen. Der Ausdruck *pressure group* hebt mehr auf deren politische Einflußnahme ab. Die Bezeichnung *Lobby* kommt von der Vor- und Wandelhalle des Parlamentsgebäudes, in der früher die Verbände die Abgeordneten zu beeinflussen suchten.
Im politischen System der Bundesrepublik werden den Interessenverbänden folgende Aufgaben zugeschrieben:
– *Artikulierung*, d.h. Bildung und Formulierung von Interessen einer bestimmten sozialen Gruppe;
– *Aggregierung* von Interessen, d.h. Bündelung von unterschiedlichen Interessen innerhalb einer Gruppe durch internen Interessenausgleich, z.B. zwischen Groß- und Kleinbauern im Deutschen Bauernverband, oder zwischen Arbeitern und Angestellten im Deutschen Gewerkschaftsbund;
– *Durchsetzung* der Interessen gegenüber den politischen Instanzen.

Typologie

Die vielen Interessengruppen in der Bundesrepublik lassen sich in folgende fünf Hauptgruppen aufteilen:
– Vereinigungen innerhalb des Wirtschafts-und Arbeitssystem(z.B. Bundesverband der deutschen Industrie/BDI, Deutscher Gewerkschaftsbund/DGB, Deutscher Beamtenbund/DBB);
– Vereinigungen im sozialen Bereich (z.B. Wohlfahrtsverbände wie Arbeiterwohlfahrt, Caritasverband),
– Vereinigungen im Freizeitbereich (z.B. Deutscher Sportbund),
– Vereinigungen im Bereich von Kultur, Wissenschaft und Religion (z.B.Kirchen),
– Vereinigungen öffentlicher Körperschaften (z.B.Deutscher Städtetag, Landkreistag).

Die Integration der DDR-Massenorganisationen

In der ehemaligen DDR gab es zwar auch Interessengruppen, diese hatten aber andere Funktionen. Die Massenorganisationen wie Freier Deutscher Gewerkschaftsbund (FDGB), die Freie Deutsche Jugend (FDJ), der Demokratische Frauenbund Deutschland und der Kulturbund hatten die Aufgabe des Transmissionsriemens für die SED-Staatspartei und waren auch im Parlament vertreten.
Nach der Vereinigung gab es für die Verbände der Wirtschaft und Landwirtschaft keine organisatorischen Anknüpfungspunkte, da es in der DDR kein freies Unternehmertum gab. Nach Auflösung des Freien Deutschen Gewerkschaftsbundes schloß sich

der Großteil seiner Mitglieder den Einzelgewerkschaften des DGB an. Die Tatsache, daß zum Beispiel die Gewerkschaft Erziehung und Wissenschaft zu ihren bisher 190 000 Mitgliedern 140 000 aus den neuen Bundesländern und die Industriegewerkschaft Bergbau zu 326 000 in der alten Bundesrepublik 250 000 hinzubekamen, dürfte sich auch auf den Kurs der Gewerkschaften auswirken. Bei den Kirchen, die eine gewisse Distanz zum DDR-System wahren konnten, verschob sich im vereinigten Deutschland das zahlenmäßige Gleichgewicht zwischen Katholiken und Protestanten zugunsten der letzteren.

Organisationsgrad

Insgesamt ist es den Interessengruppen in der Bundesrepublik in unterschiedlichem Maße gelungen, die Bürger organisatorisch an sich zu binden. Bei den Bauern, Handwerkern und Ärzten liegt der Organisationsgrad bei 90%,bei den Industrieverbänden zwischen 80 und 90%, bei den Gewerkschaften im Durchschnitt bei etwa 30% mit großen Unterschieden zwischen den Einzelgewerkschaften.

Gewerkschaften

Wegen ihrer herausragenden politischen Bedeutung soll nun besonders auf die Interessenvertretungen der Arbeitnehmer und der gewerblichen Wirtschaft eingegangen werden.
Innerhalb der Arbeitnehmerorganisationen nimmt der Deutsche Gewerkschaftsbund (DGB) eine dominierende Stellung und beansprucht, als Einheitsgewerkschaft die Interessen aller Arbeitnehmer in der Bundesrepublik zu vertreten. Der DGB selbst ist ein Dachverband von Industriegewerkschaften, bei denen sowohl die Tarifhoheit, d.h. das Recht Tarifverträge abzuschließen, als auch die Finanzhoheit liegt. Entsprechend der unterschiedlichen Mitgliederzahl ist der Einfluß der einzelnen Gewerkschaften auf die Willensbildung ungleich verteilt. Gegen den Willen der großen IG Metall und der Einzelgewerkschaft Öffentliche Dienste, Transport und Verkehr (ÖTV) läßt sich im DGB kaum etwas durchsetzen.

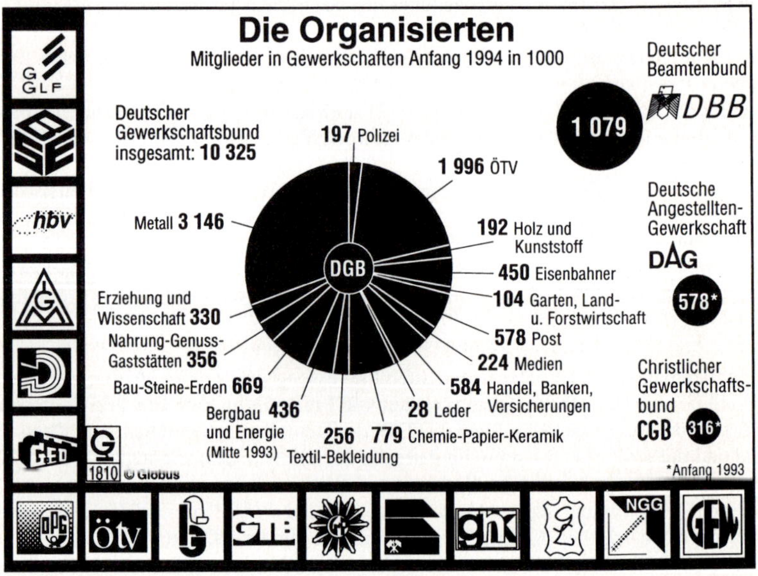

Arbeitgeberverbände

Bei der Interessenvertretung der Arbeitgeber sind drei Gruppen zu unterscheiden:
– Spitzenverbände der einzelnen Wirtschaftsbranchen, die Interessen der Mitglieder vertreten. Gesamtverband: *Bundesverband der Deutschen Industrie (BDI).*
– Arbeitgeberverbände, die sozialpolitische Interessen der Mitglieder vertreten und Tarifverträge abschließen. Dachorganisation: *Bundesverband Deutscher Arbeitgeberverbände (BDA).*
– *Industrie-und Handelskammern*, die Selbstverwaltungsaufgaben der Wirtschaft wahrnehmen. Im Gegensatz zu den beiden erstgenannten unternehmerischen Verbandstypen sind die Industrie- und Handelskammern öffentlich-rechtliche Körperschaften mit Zwangsmitgliedschaft für alle Unternehmer des jeweiligen Bezirks. Dachorganisation: *Deutscher Industrie-und Handelstag (DIHT).*

Tarifrecht

Eine Sonderstellung haben nach Art. 9 Abs. 3 GG die Interessenverbände der Arbeitnehmer und Arbeitgeber im Tarifrecht. Die von den regionalen Einzelgewerkschaften mit den entsprechenden Arbeitgeberverbänden abgeschlossenen Tarifverträge gelten auch für nichtorganisierte Arbeitnehmer und Arbeitgeber. Damit werden in einem Bereich der Gesellschaft Normen nicht durch den Gesetzgeber, sondern durch Interessenverbände gesetzt.

Druckmittel

Die Effektivität und der Stil der Verbandsaktivitäten hängen mit ab von der Struktur der Verbände. Man kann sie unterteilen in Finanzmächte, deren Einfluß z.B. bei den Industrieverbänden hauptsächlich auf finanziellen Mitteln beruht, und in Organisationsmächte, die durch ihre hohe Mitgliederzahl und damit potentielle Wähler auf die Parteien Druck ausüben können. Besonders der Deutsche Bauernverband und zum Teil auch die Gewerkschaften verfügen über ein Stimmenpaket, das die Parteien für sich zu gewinnen suchen. Für den Verbandseinfluß spielen neben der Mitgliederstärke auch deren Mobilisierbarkeit für bestimmte Aktionen, z.B. Demonstrationen, eine Rolle. Nicht zuletzt sind die Parteien und staatlichen Organe zum Teil auf das Expertenwissen der Verbände angewiesen.

Aktionsfelder

Das Aktionsfeld der Verbände gliedert sich in mehrere miteinander verbundene Aktionskanäle. Als wichtigste Adressaten gelten:
– *Öffentliche Meinung:* Öffentlichkeitsarbeit ist für alle Verbände ein wichtiger Teil ihrer Außenaktivität. Sie geschieht durch eigene Presseorgane, gezieltes Informationsmaterial für alle Massenmedien, Kundgebungen und andere öffentlichkeitswirksame Aktionen.
– *Parteien:* Das Verhältnis zu den Parteien ist ein Verhältnis gegenseitiger Abhängigkeit. Während es den Interessengruppen im die Durchsetzung ihrer sachlichen und personellen Wünsche geht, versuchen die Parteien, möglichst kompakte Wählergruppen durch Verbände zu gewinnen und sind auch auf deren finanziellen Zuwendungen angewiesen. Der Grad der Zusammenarbeit ist unterschiedlich. Der CDU wirft man Arbeitgeberhörigkeit vor, der SPD Verfilzung mit den Gewerkschaften.
– *Parlament:* In den Parlamenten sind vor allem die Ausschüsse Adressaten der Verbandswünsche. Auffallend ist die hohe Zahl von Verbandsexperten in bestimmten Ausschüssen, so daß man von Verbandsinseln sprechen kann. Die stärkste Verbandsfärbung haben der Ausschuß für Ernährung, Landwirtschaft und Forsten, der Ausschuß für Arbeit und Sozialordnung und der Ausschuß für Wirtschaft.
– *Regierung und Verwaltung:* Da die Gesetzesinitiative und -vorbereitung immer mehr vom Parlament auf die Regierung übergeht, haben sich die Verbände darauf ein-

gestellt. Sie versuchen auf die personelle Besetzung des Ministeriums Einfluß zu nehmen und suchen den Kontakt zum Bundeskanzler, der die Richtlinien der Politik bestimmt. Besonders wichtig ist der Kontakt mit der Verwaltung, die in manchen Ministerien so intensiv ist, daß man von Verbandsherzogtümern sprechen kann.
Europäische Union: Als Adressaten der Verbandsforderungen gewinnen die internationalen Organisationen an Bedeutung. Vor allem die Europäische Union wird immer wichtiger, da auf sie immer mehr Kompetenzen übertragen werden.
Der Stellenwert der einzelnen Adressaten wird am Beispiel des Bundesverbandes der Deutschen Industrie (BDI), der 1985-1986 von seinen 232 Eingaben 67,2 Prozent an Bundesministerien und -ämter, 8,2 % an die EU-Kommission, aber nur 15 Prozent an den Bundestag, seine Ausschüsse und Fraktionen richtete, wobei die Bedeutung der EU-Institutionen inzwischen noch gestiegen ist.

Pluralismus/ Pluralismuskritik

Die Auseinandersetzung mit den Interessen der verschiedenen Gruppen führt zum Problem des Interessenausgleichs. Die Theorie des Pluralismus geht davon aus, daß durch den institutionalisierten Kampf der Gruppen die Interessen einigermaßen gleichmäßig berücksichtigt bzw.ausgeglichen werden. Dieser Ansatz wird von verschiedener Seite kritisiert.
Nach Claus Offe, einem Vertreter der kritischen Theorie, werden nur solche Interessen im pluralistischen Verbandssystem überhaupt berücksichtigt, die organisations- und konfliktfähig sind. Seiner Meinung nach sind Interessen nur organisierbar, die als Spezialbedürfnisse von bestimmten Gruppen wahrgenommen und als wichtig anerkannt werden. Für allgemeine Bedürfnisse wie Gesundheit, Wohnungssituation, Lage der alten Menschen finden sich nur schwer Interessenorganisationen von Gewicht. Neben der Organisationsfähigkeit ist die Konfliktfähikkeit von Bedeutung, d.h. eine Gruppe muß in der Lage sein, gegenüber dem politischen System oder anderen Gruppen kollektiv Leistung zu verweigern, wie es z.B. in der kollektiven Arbeitsverweigerung in der Form des gewerkschaftlichen Streiks geschieht. So sind Rentner zwar organisations-, aber nicht konfliktfähig.
Nach den konservativen Kritikern droht dem Staat vom Pluralismus der Gruppen eine Minderung seiner Autorität und eine unerträgliche Spaltung, die ihn hindert, nationale Aufgaben wahrzunehmen. Dagegen sollte im Volk wieder das Gefühl für das Ganze und das Gemeinwohl geweckt werden.
Nicht zuletzt wird die immer stärkere Verflechtung von Staatsverwaltung, Verbänden und Parteien kritisiert. Man spricht von der Gefahr eines Ständestaates bzw. einem Trend zum *Korporatismus*.

Definition

Neben den Organisationsformen der Parteien und Interessengruppen haben sich seit Anfang der 7Oer Jahre in der Bundesrepublik sogenannte Bürgerinitativen gebildet. Darunter versteht man spontane, oft zeitlich begrenzte lockere Zusammenschlüsse von Bürgern, die sich von politischen Maßnahmen, Planungen, befürchteten Fehlentwicklungen z.B. im Bereich des Umweltschutzes, der Verkehrsentwicklung oder im sozialen Bereich betroffen fühlen und ihre Ziele und Interessen durch Selbsthilfe oder Öffentlichkeitsarbeit und durch politischen Druck auf die Entscheidungsträger durchzusetzen versuchen. Sie sind als unmittelbare Interessenvertretungen und Selbsthilfeorganisationen auf Problemfeldern entstanden, die anscheinend von Parteien und Verbänden zu wenig wahrgenommen wurden.

Umfang

Ihre Zahl, die in den 70er Jahren besonders hoch war, läßt sich nicht genau feststellen. Spitzenschätzungen liegen bei rund 50 000 Bürgerinitiativen mit etwa 1,5 Millionen Mitgliedern. Die Parteien organisieren etwa 2,1 Millionen Mitglieder. Über die Hälfte der Bevölkerung ist nach Umfragen zumindest bereit, eventuell in einer Bürgerinitiative mitzuwirken, was jedoch noch nichts über deren tatsächliche Aktivität aussagt.

Unterschiedliche Formen und Anliegen

Stark vergröbert lassen sich 2 Formen oder Ausprägungen unterscheiden:
1. Bürgerinitiativen, deren Forderungen und Aktionen sich in erster Linie an das politische System richten;
2. Selbsthilfeorganisationen, die Lebensbedingungen der Betroffenen unmittelbar und aus eigener Kraft verändern wollen. Beide ergänzen und überschneiden sich in der sozialen und politischen Wirklichkeit. Die größte Bedeutung haben die Gruppen gewonnen, die im Bereich des Umweltschutzes tätig sind. Hier gibt es auch die meisten regionalen und überregionalen Zusammenschlüsse. In den 8Oer Jahren haben vor allem die Atomkraftgegener eine große Publizität gefunden. Die übrigen Bürgerinitiativen beschäftigen sich (in der Reihe der Häufigkeit) mit Kindergärten und Spielplätzen, Verkehrsproblemen, Schule, Stadtentwicklung und Sanierung, Randgruppen, kulturellen Fragen und Jugendproblemen.

Mitgliederstruktur

Die Organisationsformen der verschiedenen Gruppen hat sich im Lauf der Zeit verändert. Während 1972 noch 58% der Bürgerinitiative völlig isoliert ohne Außenkontakte zu anderen Bürgerinitiativen arbeiteten, sind zur Zeit nur etwa 8% ohne Außenkontakte. Auch ihre Bestandsdauer hat sich inzwischen erhöht. Ihre Mitglieder sind in der Mehrzahl zwischen 25 und 4O Jahre alt und gehören vorwiegend der Mittelschicht an.

Neue soziale Bewegungen

Aus den verschiedenen, meist spontan entstandenen Bürgerinitiativen sind inzwischen sogenannte soziale Bewegungen entstanden, die mit politischen Aktionen auf allgemeine politische, wenn nicht sogar globale Probleme und Gefahren wie Krieg, ökologische Risiken oder Verletzung der Menschenrechte aufmerksam machen. Man spricht im Unterschied zu den älteren (z.B. der Arbeiterbewegung) von den Neuen sozialen Bewegungen. Zu ihnen zählen u.a.:
- die neue Friedensbewegung,
- die Antikernkraftbewegung,
- die Ökologiebewegung und
- die Frauenbewegung.

Auch weltweite Initiativen wie die Umweltschutzorganisation "Greenpeace" und die Menschenrechtsinitiative "amnesty international" sind in diesem Zusammenhang zu nennen.

Bürgerbewegungen in der DDR

Nur in Grenzen vergleichbar mit den Bürgerinitiativen sind die Bürgerbewegungen, die in der Auflösungsphase der ehemaligen DDR die großen Proteste und Demonstrationen initiierten. Sie bildete die Basis der friedlichen Revolution, die zum Ende des SED-Regimes führte. In diesen Gruppen, die sich außerhalb des von der SED bestimmten Parteiensystems gebildet hatten, spielten Intellektuelle, Pfarrer der evangelischen Kirche, Künstler, Wissenschaftler und Schriftsteller eine führende Rolle. Unter dem Dach der evangelischen Kirche hatten sich schon vorher Friedensgruppen („Schwerter zu Pflugscharen“) und Umweltgruppen gebildet, die gegen das damalige SED-Regime opponierten.
Die bedeutendsten Bürgerbewegungen waren:
- Initiative für Frieden und Menschenrechte (seit 1985)
- Neues Forum (1989)
- Demokratie Jetzt(1989)
- Demokratischer Aufbruch(1989).

Sie waren sich in der Forderung nach Ende des Herrschaftsmonopols der SED, nach Demokratisierung der DDR und freier Aus- und Einreise einig. Die Frage der Einheit Deutschlands hatte auch nach der Wende keine Priorität, sondern der Aufbau einer neuen Demokratie in der DDR.
Große Teile dieser Gruppen schlossen sich 1990 zum Bündnis 90 zusammen, das sich 1990 sowohl an der Volkskammerwahl als auch an der ersten gesamtdeutschen Wahl – allerdings nicht mit allzu großem Erfolg – beteiligte (vgl. Kapitel 5: Politische Parteien).

Ursachen und Bewertungen

Die Ursachen für die Entstehung der Bürgerinitiativen und neuen sozialen Bewegungen sind vielfältiger Art. Neben den angedeuteten globalen Problemen spielen die Unüberschaubarkeit politischer Entscheidungen und Planungen, die Anonymität der Parteien und Verbandsapparate sowie eine bürgerferne Verwaltung eine Rolle. So können die Aktivitäten dieser Gruppen auch als "Frühwarnsystem" für die traditionelle Politik interpretiert werden. Hinter diesen neuen Formen politischer Beteiligung steht auch die Theorie vom Wertewandel, nach der den Menschen in den Industriestaaten nicht nur ihre materiellen Interessen wichtig sind, sondern immer mehr auch immaterielle Werte wie Selbst- und Mitbestimmung an Bedeutung gewinnen. Die befürchtete Radikalisierung der neuen politischen Gruppierungen in Richtung Gewalt ist nicht als dauerhafter Trend zu beobachten. Die mit den neuen sozialen Bewegungen auch zum Ausdruck kommende verstärkte politische Partizipationsbereitschaft kann nicht nur als Abkehr von, sondern auch als Ergänzung der politischen Parteien gewertet werden.

Funktion

Für den Prozeß der politischen Meinungsbildung und Entscheidungsfindung sind die Massenmedien von grundlegender Bedeutung.Innerhalb des politischen Systems werden ihnen in der Regel folgende Funktionen zugeordnet:
- *Information,*
- *Mitwirkung bei der Meinungsbildung,*
- *Kontrolle und Kritik.*

Pressefreiheit

In Art. 5 GG wird die Meinungs-, Informations- und Pressefreiheit ausdrücklich garantiert, und zwar in doppelter Hinsicht: einmal das Recht, " Meinung in Wort, Schrift und Bild frei zu äußern und zu verbreiten", und zum anderen das Recht, "sich aus allgemein zugänglichen Quellen ungehindert zu unterrichten" (Art. 5 GG. Das Recht der freien Meinungsäußerung wird begrenzt durch Straftatbestände wie Beleidigung, üble Nachrede und Landesverrat.

Presselandschaft Deutschland

Die Presse ist im Gegensatz zu Rundfunk und Fernsehen privatwirtschaftlich organisiert und umfaßt alle in regelmäßigen Abständen erscheinenden Druckerzeugnisse wie Tageszeitungen, Wochenzeitungen, Zeitschriften und Illustrierte. Eine hohe Zahl von Zeitungstiteln mit starker lokaler Bindung, eine vielfältige überregionale Presse, Wochenzeitungen und Magazine mit akzentuierter politischer Tendenz, ein großes Zeitschriftenangebot und das weitgehende Fehlen einer Partei-und Hauptstadtpresse sind kennzeichnend für die Presselandschaft der Bundesrepublik Deutschland.

Pressekonzentration

Das Grundproblem der Presse besteht darin, daß sie einerseits ein wirtschaftliches, gewinnorientiertes Unternehmen ist, andererseits öffentliche Aufgaben hat. Dieser Zielkonflikt wird besonders beim Problem der Pressekonzentration deutlich. Während es in den 50er-Jahren noch über 200 selbständige Redaktionen gab, hat sich deren Zahl heute auf etwa die Hälfte reduziert. Besonders problematisch ist die Tendenz zu Zeitungsmonopolen auf der lokalen Ebene, wo die Abhängigkeit von Inserenten sehr ausgeprägt ist. Die Zeitungen finanzieren sich in der Regel nur zu 30 % aus dem Verkauf, während die Anzeigenerlöse 70% ausmachen. Als Gründe für die Konzentrationsbewegungen werden genannt: steigende Kosten für Herstellung und Vertrieb sowie Investitionen für moderne Drucktechnik und Automation. Die medienpolitische Diskussion zur Eindämmung der Konzentration und Erhaltung einer vielfältigen Pressestruktur hat bisher kaum zu praktischen Ergebnissen geführt. Die Fusionskontrolle konnte den Konzentrationsprozeß nur verlangsamen. Bei den finanziellen Hilfen für die Presse, z. B. durch Steuererleichterungen, ist die Verteilung entsprechender Mittel relativ schwierig, da der Gleichheitsgrundsatz gewahrt werden muß.

Presse in den neuen Bundesländern

Nach der Vereinigung Deutschlands hat sich die Zahl der Zeitungen in den neuen Bundesländern erheblich vermehrt. Es dominieren jedoch noch die früheren SED-Bezirkszeitungen, die vorwiegend von westdeutschen Verlegern übernommen und mit alten oder neuen Titeln und anderer politischer Ausrichtung neu herausgegeben wurden. Neben diesen auflagenstarken Regionalzeitungen hat sich die Pressestruktur in den neuen Bundesländern weitgehend der der früheren Bundesrepublik angeglichen.

ARD

Bei Hörfunk und Fernsehen haben wir in der Bundesrepublik seit den 80er Jahren öffentliche und private Programmanbieter. Bis dahin waren diese Medien im Gegensatz zu den meisten anderen Staaten öffentlich-rechtlich organisiert. Entsprechend den Grenzen der Bundesländer, die für den Medienbereich weitgehend zuständig sind, oder mehrere Länder zusammenfassend, wurden Rundfunk- und Fernsehanstalten als Anstalten des öffentlichen Rechts organisiert und über Gebühren- und Werbeeinnahmen finanziert. Die Länderrundfunkanstalten sind in der Arbeitsgemeinschaft der öffentlichen Rundfunkanstalten zusammengeschlossen (ARD). Die gleiche Struktur wurde nach der Vereinigung auch in den neuen Bundesländern geschaffen, wo mehrere Länder zusammenfassend neue Länderrundfunkanstalten geschaffen wurden.

ZDF

Durch einen Staatsvertrag der Bundesländer war 1969 das Zweite Deutsche Fernsehen (ZDF) errichtet worden, nachdem das Bundesverfassungsgericht ein von Bundeskanzler Adenauer vorgesehenes staatseigenes Bundesfernsehen als nicht verfassungskonform erklärt hatte.

Öffentlich-rechtliche Struktur

Die Rundfunk-und Fernsehanstalten sind unterschiedlich organisiert. Deren Leitungsgremien gehören Vertreter der politischen und weltanschaulichen und gesellschaftlichen Gruppen an. Dabei ist es schwierig, die Repräsentanz der gesellschaftlichen Gruppen auszumachen. Insgesamt ist jedoch eine zunehmende Einflußnahme der Parteien, die gegenüber andersgearteten Meinungen immer empfindlicher reagieren, festzustellen. Im Gegensatz zur Presse sind die Rundfunkanstalten durch Gesetz zur Ob-

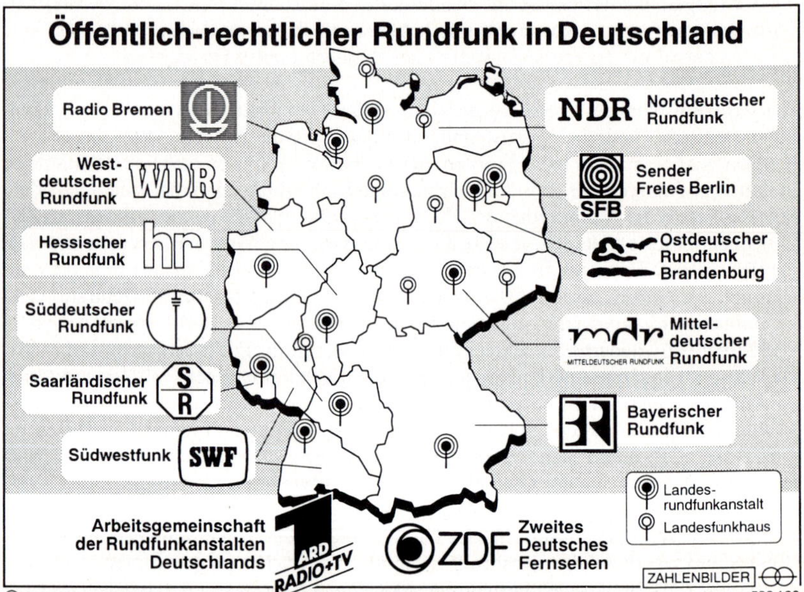

© Erich Schmidt Verlag 538 100

jektivität und Neutralität verpflichtet, was jedoch in der Praxis schwer zu realisieren und zu kontrollieren ist. Wegen der von den Parteien ständig vorgetragenen Forderung nach "Ausgewogenheit des Programms" ist die Gefahr nicht von der Hand zu weisen, daß engagierte Meinungen einem parteipolitischen Proporzdenken zum Opfer fallen und einer profillosen Berichterstattung weichen.

Privater Rundfunk/Privates Fernsehen

Nachdem in den 8Oer Jahren über Kabel und Satellit zusätzliche Hörfunk-und Fernsehprogramme übertragen werden konnten, erließen verschiedene Bundesländer neue Mediengesetze, die auch private Rundfunkangebote ermöglichen und regeln sollten. Nachdem das Bundesverfassungsgericht in mehreren Urteilen diese „duale Rundfunkordnung" als verfassungsgemäß anerkannt hatte, beschlossen die Bundesländer 1987 in einem Staatsvertrag das Nebeneinander von öffentlichem und privatem Rundfunk und Fernsehen. Diese Struktur wurde 1991 auf das vereinigte Deutschland übertragen. Seitdem gibt auf Landesebene landesweite, regionale und lokale Rundfunksender, deren Musikanteil sehr hoch ist. Überschaubarer ist die Zahl der privaten Fersehsender, wobei RTL plus, an dem u.a.Radio Luxemburg, der Bertelsmannverlag sowie die Westdeutsche Allgemeine Zeitung beteiligt sind , und SAT I, ein vom Springer-Verlag und Leo Kirch, dem größten Filmrechtehändler Europas, dominierter Sender, am bekanntesten sind. Im Gegensatz zu den öffentlich-rechtlichen Rundfunkanstalten, die sich zu einem großen Teil aus Gebühren finanzieren, sind die privaten Sender ausschließlich von Werbeeinnahmen und damit von Einschaltquoten abhängig, was zu einer Bevorzugung der Unterhaltung führte. Die Konkurrenz der öffentlichen und privaten Anbieter um Werbung hat eher zu einer Nivellierung als zu der erhofften Vielfalt der Programme geführt.

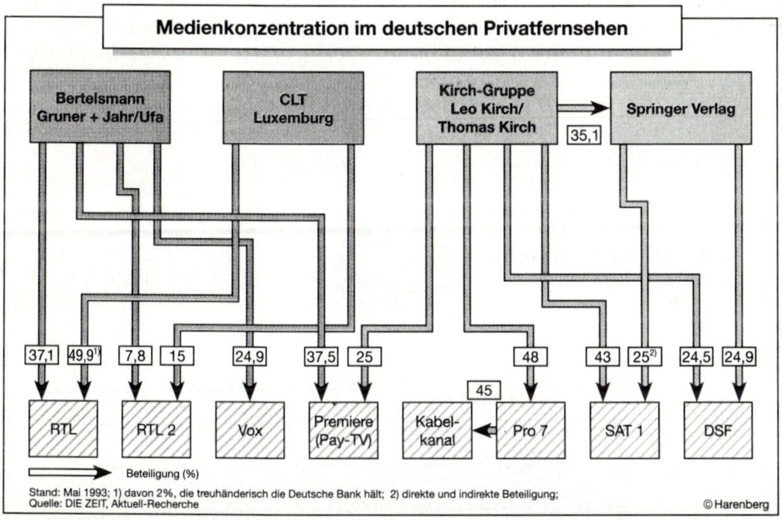

Stand: Mai 1993; 1) davon 2%, die treuhänderisch die Deutsche Bank hält; 2) direkte und indirekte Beteiligung; Quelle: DIE ZEIT, Aktuell-Recherche

Wirkung

Der Einfluß der Massenmedien ist wissenschaftlich und politisch umstritten. Sicher ist, daß sich deren Adressaten nicht kurzfristig manipulieren lassen, sondern daß die ohne Zweifel vorhandene starke Beeinflussung erst allmählich und auf sehr differenziertem Wege erfolgt. Dabei spielen die sogenannten Meinungsführer in Kleingruppen wie Familie, Freundeskreis, Betrieb eine wichtige Rolle. Unbestritten ist auch, daß die Massenmedien oft die Themen der Politik und der öffentlichen Diskussion bestimmen und die mediale Vermittlung politischer Probleme oft zu deren Vereinfachung, Emotionalisierung und Personalisierung führt. Wegen der wichtigen Funktionen der Kontrolle und Kritik werden die Massenmedien auch als „Vierte Gewalt" bezeichnet. Sie können aber diese Aufgaben nur im Zusammenspiel mit anderen Institutionen wie z.B. den Parlamenten wirksam ausüben.

Entwicklung des parlamentarischen Systems

Als einziges unmittelbar vom Volk gewähltes Organ auf der Bundesebene nimmt der Bundestag eine zentrale Stellung in der politischen Willensbildung ein. Als Vertretung des deutschen Volkes ist er oberstes Staatsorgan, das selbst keiner Aufsicht unterliegt, an keine Weisungen gebunden ist und seine Angelegenheiten selbst regeln kann. Gemäß dem Prinzip der Volkssouveränität wählen ihn die Bürger (ab dem 18. Lebensjahr) jeweils auf vier Jahre. Typologisch gehört der Deutsche Bundestag zum parlamentarischen Regierungssystem, das vor allem durch das britische Vorbild bestimmt wurde. Dort hat das Parlament gegenüber der Monarchie seine Hoheit auf die Gesetzgebung und Haushaltskontrolle ausgedehnt und die politische Verantwortlichkeit der Regierung gegenüber dem Parlament durchgesetzt.

Bedeutung der Opposition

Im Gegensatz zum politischen System der USA, wo die Gewaltenteilung von Regierung und Parlament stärker fortwirkte, bestand in Großbritannien schon im 18. Jahrhundert eine enge Verbindung von Regierung, Parlament bzw.dessen Mehrheitsfraktion(en), während die parlamentarische Opposition das eigentliche Gegengewicht zur Regierung bildete. Auch im Bundestag kann man heute von drei Kraftpolen – Regierung, Mehrheitsfraktion(en) und Opposition – sprechen, wobei nach außen hin der Dualismus von Regierung und Opposition den politischen Prozeß bestimmt. Das Grundgesetz kennt zwar den Begriff der parlamentarischen Opposition nicht, aber das Bundesverfassungsgericht hat das "Recht auf verfassungsgemäße Bildung und Ausübung einer Opposition" als Merkmal einer freiheitlich demokratischen Grundordnung hervorgehoben. Allerdings wird die Funktion der Opposition in der öffentlichen Meinung der Bundesrepublik noch nicht ihrer Bedeutung entsprechend gewürdigt. Die folgenden Aufgaben des Bundestages werden vom Parlament als Ganzem und von der Opposition oder von der Regierungsmehrheit wahrgenommen.

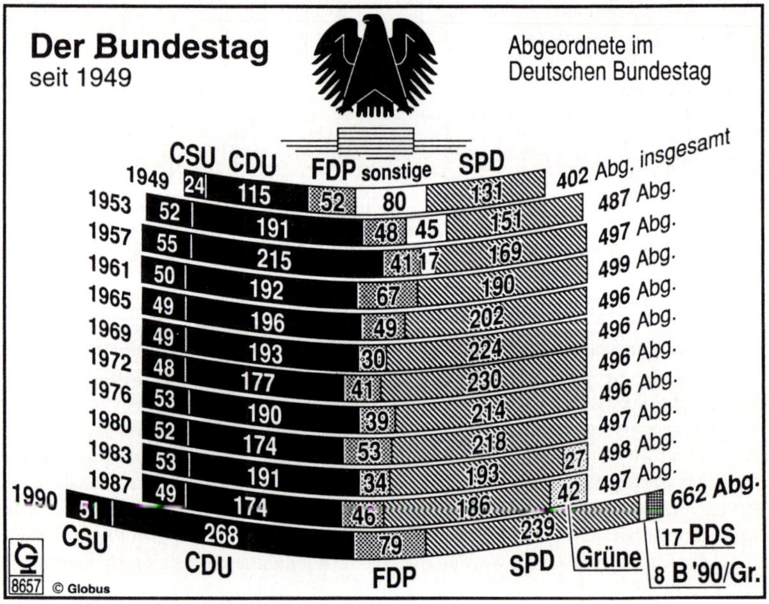

Wahlfunktion

Die Wahl- oder Bestellungsfunktion des Bundestages ist ein Charakteristikum des parlamentarischen Systems. Die Vorbereitungen zur Kanzlerwahl gehen vor allem von den Parteien aus, die zusammen die Regierung bilden wollen. Bis auf eine Ausnahme (1957) gingen der Kanzlerbestellung Koalitionsverhandlungen zwischen verschiedenen Parteien voraus. Die Wahlfunktion des Bundestages wird dadurch eingeschränkt, daß sich die Bundestagswahlen immer mehr zu Kanzlerwahlen entwickelten. Allerdings fanden die ersten Wahlen zum Kanzler von Ludwig Erhard (1963), Kurt-Georg Kiesinger (1966), Helmut Schmidt (1974) und Helmut Kohl (1982) innerhalb der Legislaturperioden und damit ohne direktes Votum der Wähler statt. Aber nach dem erfolgreichen Mißtrauensvotum im Jahre 1982 (Helmut Kohl löste Helmut Schmidt ab) wurden 1983 Neuwahlen durchgeführt, um die neugebildete Regierung auch durch das Volk zu bestätigen.

Bundeskanzler

Nach Art. 63 GG wird der Bundeskanzler mit absoluter Mehrheit der gesetzlichen Mitgliederzahl des Bundestages gewählt. Im Gegensatz zur Weimarer Republik, wo die Minister auf Vorschlag des Reichskanzlers vom Reichstag gewählt wurden, werden in der Bundesrepublik die Bundesminister vom Bundespräsidenten auf Vorschlag des Bundeskanzlers ernannt. In der Verfassungswirklichkeit muß allerdings der Kanzler durchaus die Personalvorschläge der Mehrheitsfraktionen berücksichtigen. Dabei bildet in der Regel eine erfolgreiche Tätigkeit im Bundestag ein wichtiges Sprungbrett für ein Ministeramt. Insgesamt ist es dem Bundestag bisher gelungen, relativ stabile Regierungen zu bestellen. Der Bundeskanzler wirkt ferner bei der Wahl anderer oberster Verfassungsorgane, wie z.B. des Bundesverfassungsgerichts und des Bundespräsidenten mit (siehe entsprechende Abschnitte).

Gesetzgebungsfunktion

Institutionell ist der Bundestag das wichtigste Organ des Gesetzgebungsverfahrens. Ohne seine Beschlußfassung kommt kein Gesetz zustande. Er hat neben der Bundesregierung und dem Bundesrat das Recht der Gesetzesinitiative und legt nach ausführlichen Beratungen durch die Schlußabstimmung den endgültigen Gesetzestext fest. Den formalen Gang der Gesetzgebung macht das Schema auf der gegenüberliegenden Seite deutlich.

Funktionsverlust des Parlaments

Allerdings hat sich die Rolle des Parlaments bei Gesetzgebungsverfahren geändert. Die Gesetzesinitiative ist stärker auf die Exekutive übergegangen. Durchschnittlich dreiviertel der Gesetze stammen von der Regierung. Sie erfahren jedoch bei den Beratungen in den Ausschüssen des Parlaments noch Änderungen. Dieser Funktionsverlust des Parlaments hängt einmal mit der genannten Verbindung von Mehrheitsfraktion und Regierung zusammen. Die von der Parlamentsmehrheit getragene Regierung sucht bei der Gesetzgebung ihr politisches Programm zu verwirklichen. Zum anderen kann sich die Regierung bei der Vorbereitung der immer komplizierter werdenden Gesetze der großen Ministerialverwaltung bedienen, während die Opposition auf den relativ kleinen parlamentarischen Hilfsdienst angewiesen ist.

Haushaltsplan als Gesetz

Das Steuerbewilligungs-und Budgetrecht gehört zu den klassischen Parlamentsrechten. Der Haushalt wird jährlich durch ein förmliches Gesetz verabschiedet. Wenn auch 90% der Haushaltsausgaben durch gesetzliche Verpflichtungen festgelegt sind, bietet dessen Vorlage für das Parlament, vor allem die Opposition, Gelegenheit zur "Generalabrechnung mit der Regierung".

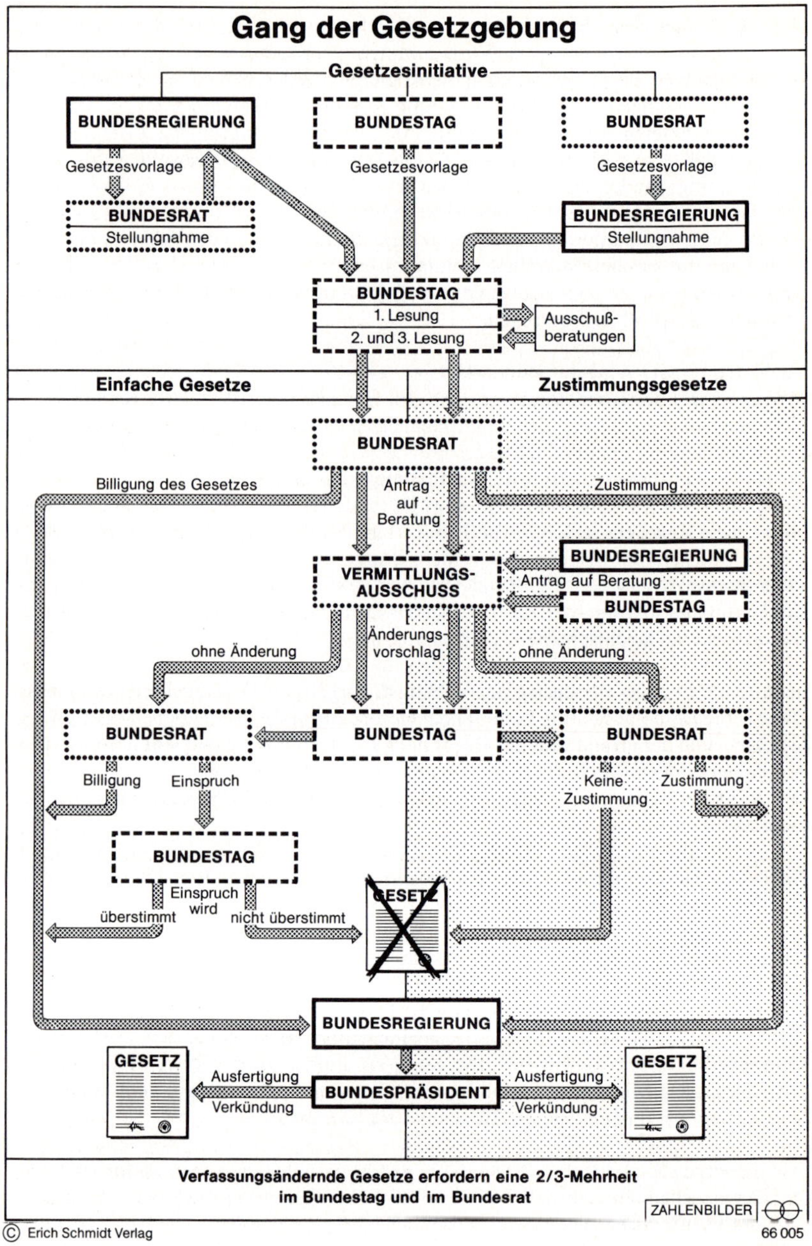

66 005

Kontrollfunktion

Die klassische Gewaltenteilungslehre geht davon aus, daß die Regierung der Kontrolle des Parlaments unterliegt. Das Gesamtparlament als Kontrollorgan tritt kaum in Erscheinung; diese Funktion wird in erster Linie von der Opposition wahrgenommen.

Dies schließt jedoch interne und informelle Kontrollen durch die Mehrheitsfrakton nicht aus. Wie wirksam die parlamentarische Kontrollfunktion ist, hängt weitgehend davon ab, welchen Gebrauch die Opposition von den verschiedenen Möglichkeiten macht.

Konstruktives Mißtrauensvotum

Das stärkste Kontrollinstrument stellt das sogenannte konstruktive Mißtrauensvotum dar, nach dem die Regierung zurücktreten muß, wenn der Bundestag mit der Mehrheit seiner Mitglieder einen Nachfolger wählt. Der erste Antrag auf ein konstruktives Mißtrauensvotum wurde von der CDU-Opposition 1972 – ohne Erfolg – gegen Bundeskanzler Willy Brandt gestellt, nachdem dessen Regierung durch den Übertritt von Abgeordneten die parlamentarische Mehrheit verloren zu haben schien. Zum ersten Mal wurde das konstruktive Mißtrauensvotum 1982 mit Erfolg durchgeführt. Die FDP entzog durch ihren mehrheitlichen Wechsel von der SPD-FDP-Koalition unter Helmut Schmidt zu einem neuen Koalitionspartner der alten Regierung die erforderliche parlamentarische Mehrheit und sicherte der neuen CDU/CSU-FDP-Regierung unter Helmut Kohl die notwendige Mehrheit, die 1983 durch Neuwahlen bestätigt wurde.

Anfragen, Untersuchungsausschuß, Wehrbeaufragter

Zu den wichtigsten parlamentarischen Kontrollmöglichkeiten gehören:
– Große Anfragen, die von mindestens 26 Abgeordneten unterstützt werden und neben einer Antwort der Regierung in der Regel größere Aussprachen im Parlamemt zur Folge haben.
– Kleine Anfragen, bei denen mindestens 26 Abgeordnete Auskünfte über bestimmte Probleme verlangen und diese in der Regel von der Regierung schriftlich erhalten.
– Mündliche Anfragen einzelner Abgeordneten in den Fragestunden des Parlaments.
– Aktuelle Stunden, bei denen Regierung und Parlamentsfraktionen kurzfristig zu aktuellen Problemen Stellung nehmen.
– Untersuchungsausschüsse, die auf Antrag eines Viertels der Mitglieder eingesetzt werden und die bei der Beweiserhebung nach den Vorschriften des Strafprozesses arbeiten. Allerdings kommen solche Ausschüsse nicht zu einheitlichen Ergebnissen, da die Mehrheitsfraktionen und die Opposition unterschiedlich votieren.
- Wehrbeauftragter, der auf die Dauer von fünf Jahren gewählt wird und als parlamentarisches Hilfsorgan das Bundeswehrwesen kontrollieren und die Grundrechte der Bundeswehrangehörigen schützen soll.
Die Wirksamkeit der Kontrollmechanismen hängt weitgehend davon ab, ob es der Opposition gelingt, die öffentliche Meinung für sich bzw. die angesprochenen Probleme zu mobilisieren.

Repräsentationsfunktion

Als Volksvertretung hat das Parlament die Bevölkerung zu repräsentieren und die vielfältigen Interessen und Probleme aller Bevölkerungsgruppen aufzunehmen. Allerdings spiegelt der Bundestag in seiner personellen Zusammensetzung nicht die Gesellschaftsstruktur der Bundesrepublik wieder. So sind z. B. Arbeiter und Frauen unterrepräsentiert, Beamte dagegen überrepräsentiert. Als „öffentliches Forum" hat er der Bevölkerung Informationen zu vermitteln, Begründungen und Verantwortungen zu verdeutlichen und die Bürger auf diesem Wege an der politischen Willensbildung teilnehmen zu lassen.

Organisation und Arbeitsweise

Die Grundstruktur des Parlaments wird durch die Fraktionen, die Vertretungen der Parteien bestimmt. Man spricht daher auch vom Fraktionenparlament. Nach Art.38 des GG sind die Abgeordneten zwar Vertreter des ganzen Volkes, an Aufträge und Weisungen nicht gebunden und nur ihrem Gewissen verantwortlich; dieses sog. freie

Mandat steht in einem Spannungsverhältnis zu Art. 21, nach dem die politischen Parteien an der politischen Willensbildung mitwirken. Diese nehmen zunehmend über die Fraktionen, die die eigentlichen politischen Handlungseinheiten des Bundestages darstellen, Einfluß auf die Entscheidungen des Parlaments.

Fraktionsdisziplin

Wegen ihrer Verbindung zu den Parteien und organisatorischen Schlüsselstellung im Parlament haben die Fraktionen durchaus Druckmittel in der Hand, um Abgeordnete zur Fraktionsdisziplin zu bewegen. Der Politikwissenschaftler Ernst Fraenkel spricht daher von „Fraktionsdisziplin unter dem Vorbehalt der Herrschaft des Gewissens". Da die Tätigkeit des Bundestages eines besonderen Schutzes bedarf, genießen die Bundestagsabgeordneten Indemnität, d. h. die strafrechtliche Unverantwortlichkeit für Reden und Abstimmungen im Parlament, und Immunität, d. h. Schutz vor Strafe und Verfolgung, und schließlich das Zeugnisverweigerungsrecht.

Ausschüsse

Das Schwergewicht der Arbeit der Bundestagsabgeordneten liegt in den Auschüssen, in welche die einzelnen Fraktionen entsprechend ihrer Größe Experten entsenden. Für alle wichtigen Bereiche der Politik hat der Bundestag ständige Ausschüsse eingesetzt, z.B. für Haushalt, Verteidigung, Wirtschaft, Recht, Verkehr und Außenpolitik. Außerdem ist die Bildung von Sonderausschüssen möglich. Da das Parlament weitgehend den Empfehlungen der Ausschüsse folgt, fallen hier wichtige Vorentscheidungen. Sie beraten nicht nur über die ihnen überwiesenen Gegenstände, sondern können auch (seit der Parlamentsreform von 1969) alle Fragen ihres Geschäftsbereiches aufgreifen und beraten (Recht der Selbstbefassung). Im Gegensatz zum Plenum tagen die Ausschüsse in der Regel „hinter verschlossenen Türen", was einerseits zur Sachlichkeit der Beratungen beiträgt, andererseits aber eine gewisse Abkapselung von der Öffentlichkeit bedeutet.

Parlamentsreform

Seit Bestehen des Deutschen Bundestages wurde durch verschiedene Reformmaßnahmen versucht, das Gewicht des Parlaments gegenüber der Regierung zu verstärken. So wurde u. a. die Fragestunde erweitert und die aktuelle Stunde eingeführt und die Kompetenz der Ausschüsse erweitert. Zur Unterstützung der Abgeordneten kamen der wissenschaftliche Dienst und die Assistenten. Trotz dieser Bemühungen kann man von einem Funktionsverlust des Parlaments und damit auch von einer institutionellen Schwächung der parlamentarischen Opposition gegenüber der Regierung sprechen.

Parlamenta-rismuskritik

Neben mehr reformorientierten Kritiken gibt es durchaus auch Stellungnahmen, die die parlamentarische Demokratie als Ganzes in Frage stellen. Die Kritik von rechts beklagt u. a. die Außensteuerung des Parlaments durch Parteien und Interessengruppen, während linke Kritiker den Parlamentarismus als demokratische Fassade bezeichnen, die die Macht der wirtschaftlich Mächtigen verschleiere. Hinter beiden Formen der Kritik, die, wenn auch überzogen, Probleme des Parlamentarismus ansprechen, steht z. T. ein vergangenheitsoriertes, idealisiertes Bild des Parlaments, das die Realitäten der modernen Parteien und Interessengruppen nicht berücksichtigt. Außerdem gehen sie von der Vorstellung aus, Demokratie bedeute Identität von Regierenden und Regierten, was dem Grundgedanken eines repräsentativen parlamentarischen Systems widerspricht.

Aufgaben

Die Aufgabe der Bundesregierung besteht nach dem Staatsrechtler Ulrich Scheuner in der „zusammenfassenden Leitung des Staatsganzen sowie in der dirigierenden Kontrolle der ausführenden Tätigkeiten“. Sie hat ihren historischen Vorläufer im Kabinett, dem Beratungsorgan des absoluten Herrschers. Erst mit der Durchsetzung des parlamentarischen Regierungssystems hat die Kabinettsregierung, die nun aus der bzw. den Mehrheitsfraktionen des Parlaments hervorgegangen und diesen verantwortlich ist, eine neue Bedeutung und Form gewonnen. Nach der Geschäftordnung der Bundesregierung (15) sind ihr alle politisch wichtigen Angelegenheiten zur Beratung und Beschlußfassung vorzulegen, inbesondere:
„a) alle Gesetzentwürfe
b) alle Entwürfe von Verordnungen der Bundesregierung,
c) sonstige Verordnungsentwürfe, wenn sie von politischer Bedeutung sind,
d) Stellungnahmen des Bundesrates zu den Vorlagen der Bundesregierung,
e) alle Angelegenheiten, für welche Grundgesetz oder Gesetz dieses vorschreiben,
f) Meinungsverschiedenheiten zwischen verschiedenen Bundesministerien“.
Außerdem ist sie an verschiedenen Personalentscheidungen wie der Ernennung von hohen Beamten und der Wahl von Bundesrichtern beteiligt.

Vorrangstellung des Bundeskanzlers

Die Bundesregierung besteht aus dem Bundeskanzler und den Bundesministern. Die Tatsache, daß sich für das parlamentarische System der Bundesrepublik die Bezeichnung Kanzlerdemokratie eingebürgert hat, deutet darauf hin, daß der Kanzler zum bestimmenden Faktor geworden ist. Die Schöpfer des Grundgesetzes hatten ausdrücklich die Absicht, die Macht der Regierung, insbesondere die Position des Kanzlers zu stärken. Er wird, wie bereits dargestellt (siehe Abschnitt Parlament), auf Vorschlag des Bundespräsidenten vom Bundestag gewählt. Der Bundestag ist jedoch nicht an den Vorschlag des Bundespräsidenten gebunden. Das konstruktive Mißtrauensvotum, das den Kanzlersturz an die Wahl seines Nachfolgers bindet, soll negative Mehrheiten verhindern und ist in der Geschichte der Bundesrepublik zum ersten Mal bei der Abwahl von Bundeskanzler Helmut Schmidt und der Wahl von Helmut Kohl wirksam geworden. Dazu kommt noch die Alleinverantwortlichkeit des Kanzlers gegenüber dem Parlament und sein Recht, nach eigenem Ermessen Minister zu berufen und zu entlassen.

Richtlinienkompetenz des Kanzlers und Ressort- bzw. Kollegialprinzip

Die Arbeitsweise der Bundesregierung richtet sich nach folgenden drei Grundsätzen (vgl. Art. 65 GG):
-Der Kanzler bestimmt die Richtlinien der Politik (*Kanzlerprinzip*).
-Innerhalb der vom Kanzler gesetzten Richtlinien verantwortet jeder Bundesminister seinen Bereich allein (*Ressortprinzip*).
-Über Meinungsverschiedenheiten zwischen den Bundesministern entscheidet die Bundesregierung (*Kollegialprinzip*). Wie stark neben dem dominierenden Kanzlerprinzip auch das Kollegial- und das Ressortprinzip zum Tragen kommen, hängt vom politischen Gewicht der Minister ab.

Minister und Ressorts

Wenn auch die Auswahl der Minister verfassungsrechtlich in die Kompetenz des Kanzlers fällt, so bedeutet dies nicht, daß er willkürlich verfahren kann. In den Koalitionsregierungen konnten und können die Partner weitgehend selbst ihren Ministerkandidaten benennen. Die Minister sind jedoch nicht nur Mitglieder des Kabinetts, sondern leiten auch als Behördenchefs die Verwaltung ihrer Ministerien. Der Ministerialbürokratie kommt bei der Vorbereitung und Durchführung von Gesetzen und Verordnungen eine immer größere Bedeutung zu. Deshalb versuchen die jeweiligen Regierungsparteien, die Ministerialbürokratie mit Persönlichkeiten ihrer Couleur zu durchsetzen. Um die Minister in der Öffentlichkeit zu entlasten und sie im Parlament zu vertreten, sind ihnen seit 1967 parlamentarische Staatssekretäre zugeordnet.

Stellenwert der Ministerien

Zu den besonders wichtigen Ressorts gehören die sogenannten klassischen Ministerien (Äußeres, Inneres, Verteidigung, Justiz). Die Bundesregierung hat in der Außenpolitik, soweit sie sich nicht in Gesetzen niederschlägt, eine relativ freie Hand. Der Verteidigungsminister ist in Friedenszeiten Oberbefehlshaber der Streitkräfte (in Kriegszeiten der Bundeskanzler). Der Bundesfinanzminister hat in Fragen von finanzieller Bedeutung ein Einspruchsrecht, das allerdings bei einer erneuten Abstimmung mit der Stimme des Kanzlers aufgehoben werden kann. Daneben gibt es Daseinsvorsorgeministerien wie z.B. Wirtschaft, Ernährung und Arbeit oder Spezialministerien, wie z.B.Wohnungsbau.

Anstatt Kabinett Koordinationsdemokratie

Die Entscheidungen der Bundesregierung werden formal in den Kabinettssitzungen getroffen. In der Großen Koalition unter Kiesinger/Brandt verlagerten sich die Entscheidungen auf einen Koalitionsausschuß. In ähnlichen Gremien, denen die Vorsitzenden der Koalitionsfraktionen oder die entsprechenden Parteivorsitzenden angehören, fallen immer mehr die politischen Vorentscheidungen, denen das Kabinett nur noch zustimmen kann. Der Koordinationsfunktion des Bundeskanzlers zwischen den Parteien, Fraktionen, Interessengruppen, Institutionen kommt immer größere Bedeutung zu, so daß man anstatt von „Kanzlerdemokratie" auch von „Koordinationsdemokratie" spricht.

Vergleich mit dem Reichspräsidenten

Die verfassungsrechtliche Stellung des Bundespräsidenten ist nur auf dem Hintergrund der Erfahrungen während der Weimarer Republik zu verstehen. Als eine Art „Ersatzmonarch", der auf sieben Jahre vom Volk gewählt wurde, hatte der Reichs-präsident weitreichende Kompetenzen als Oberbefehlshaber der Reichswehr, bei der Auflösung des Reichstags, bei der Ernennung des Reichskanzlers und beim Erlaß der Notverordnungen und spielte aufgrund dieser Machtfülle bei der Auflösung der Weimarer Republik eine verhängnisvolle Rolle. Die Funktionen des Bundespräsidenten wurden daher vom Parlamentarischen Rat im Vergleich zum Reichspräsidenten stark eingeschränkt. Er wird von der Bundesversammlung, bestehend aus den Abgeordneten des Bundestages und einer gleich großen Zahl von Mitgliedern, die die Landtage entsprechend ihrer politischen Zusammensetzung entsenden, auf fünf Jahre gewählt. Er kann nur einmal wiedergewählt werden.

Bundespräsidenten seit 1949

Theodor Heuss (FDP) 1949-1959	Walter Scheel(FDP) 1973-1979
Heinrich Lübke(CDU) 1959-1969	Carl Carstens (CDU) 1979-1984
Gustav Heinemann(SPD) 1969-1973	Richard von Weizsäcker (CDU) 1984-1994

Repräsentations- und Kontrollfunktion

Die Funktion des Staatsoberhauptes im parlamentarischen System ist aus der monarchischen Tradition zu verstehen. Walter Bagehot hat in seiner Betrachtung über das englische Regierungssystem vom Staatsoberhaupt als dem „würdigen" (*dignified*) und der Regierung als dem wirksamen (*efficient*) Teil der britischen Verfassung gesprochen. Als Staatsoberhaupt repräsentiert der Bundespräsident den Staat nach innen und nach außen. Neben den dieser Funktion entsprechenden Repräsentationspflichten, wie z.B. Reden bei bestimmten wichtigen Anlässen und Staatsbesuche, unterzeichnet er Verträge mit anderen Staaten und beglaubigt und empfängt Botschafter, fertigt Gesetze aus, ernennt auf Vorschlag des Bundeskanzlers Bundesminister, ernennt und entläßt Bundesrichter, Bundesbeamte und Berufsoldaten. Es ist umstritten, ob der Bundespräsident dabei eine rein „notarielle Funktion" hat. Die bisherigen Amtsinhaber haben ihre Kontrollrechte behutsam wahrgenommen. Bei der Regierungsbildung ist der Beitrag des Bundespräsidenten auf das formale Recht beschränkt, den Bundeskanzler vorzuschlagen. Da bei den bisherigen Wahlergebnissen die darauffolgenden Koalitionsgespräche immer zu relativ eindeutigen Koalitionskandidaten geführt haben, blieb dem Bundespräsidenten eine mehr beratende Rolle.

Nothelferfunktion

Daneben könnte der Bundespräsident bei parlamentarischen Krisen eine „Nothelferfunktion" ausüben: Wenn der vorgeschlagene Bundeskanzlerkandidat im Bundestag keine Mehrheit findet oder der Bundestag auf eigenen Antrag eines Bundeskanzlers diesem das Vertrauen nicht ausspricht, kann der Bundespräsident den Bundestag auflösen oder die nunmehrige Bundesregierung auf deren Antrag und mit Zustimmung des Bundesrats ein halbes Jahr regieren lassen (Gesetzgebungsnotstand). Diese Fälle sind jedoch in der Geschichte der Bundesrepublik noch nicht vorgekommmen.

Integrationsfunktion

Da die entscheidenden politischen Aufgaben des Staatsoberhauptes weitgehend auf Krisenzeiten beschränkt sind, haben die bisherigen Amtsinhaber, die sich alle um Überparteilichkeit bemühten, versucht, als Integrationsfaktor zu wirken und die politische Kultur der Bundesrepublik – wenn auch mit verschiedenen Akzenten – mit demokratischen Inhalten zu füllen.

Die bundesstaatliche Struktur gehört zu den tragenden und unveränderlichen Prinzipien der bundesrepublikanischen Verfassung, deren Realisierung sich im Laufe der Geschichte der Bundesrepublik verändert hat. Durch die Vereinigung Deutschlands bzw.den Beitritt der fünf neuen Bundesländer und die Integration der Bundesrepublik in die Europäische Union steht das föderalistische System vor neuen Herausforderungen. Die Bundesländer sahen darin die Chance einer Reföderalisierung, d.h. der Stärkung ihrer autonomen Handlungsspielräume.

Aufgabenverteilung zwischen Zentralstaat und Gliedstaaten

Im Gegensatz zum föderalistischen System in den USA, wo die Aufgaben zwischen Zentralstaat und Gliedstaaten streng getrennt sind, haben wir in der Bundesrepublik eher einen Aufgabenverbund mit unterschiedlichen Schwerpunkten der staatlichen Gewalt bei Bund und Ländern. Man unterscheidet zwischen ausschließlicher Gesetzgebung und konkurrierender Gesetzgebung, die sich Bund und Länder teilen und Rahmengesetzgebung, wo der Bund nur die Rahmenbedingungen festlegen kann. 1969 wurden die Gemeinschaftsaufgaben (s. unten) eingeführt, bei denen der Bund bei Aufgaben der Länder mitwirkt. Sieht man von der Kultur-und Bildungspolitik ab, so ist – insgesamt gesehen – eine Verlagerung der Gesetzgebung von den Ländern zum Bund festzustellen. Vor allem die 1969 in die Verfassung aufgenommene Forderung nach einer „Einheitlichkeit der Lebensverhältnisse“ im Bundesgebiet (Art.72 GG) hat zu verstärkten Initiativen des Bundes und zu einem Funktionsverlust der Bundesländer geführt.

Gesetzgebungszuständigkeiten von Bund und Ländern

– *Auschließliche Gesetzgebung des Bundes:* Auswärtige Angelegenheiten, Verteidigung, Staatsangehörigkeit, Währungs- und Geldwesen, Zölle und Außenhandel, Bundesbahn, Post und Luftverkehr;
– *Ausschließliche Landesgesetzgebung:* Kultur, Bildungswesen, Polizei, Kommunalrecht;
– *Konkurrierende Gesetzgebung:* Bürgerliches Recht und Strafrecht, Justizwesen, Wirtschaft, Verkehr, Umwelt u.a.;
– *Rahmengesetzgebung:* Hochschulwesen, Naturschutz- und Landschaftspflege, Raumordnung, Presse- und Film;
– *Gemeinschaftsaufgaben:* Hochschulbau, Verbesserung der regionalen Wirschafts- und Agrarstruktur sowie der Küstenschutz.

Zusammensetzung des Bundesrats

Der Bundesrat stellt das Bundesorgan dar, durch das die Bundesländer an der Gesetzgebung und Verwaltung des Bundes mitwirken. Er steht in einer langen Tradition von Landesvertretungen. Verfassungsrechtlich ist er mit weniger Macht ausgestattet als der Bundesrat im Kaiserreich, jedoch mit mehr als der Reichsrat in der Weimarer Republik. In den Bundesrat senden die Bundesländer je nach ihrer Bevölkerungszahl sechs, fünf oder drei Vertreter. Im Zusammenhang mit dem Einigungsvertrag wurde die Stimmverteilung geändert. Die Stimmen der vier größten Bundesländer Nordrhein-Westfalen, Bayern, Baden-Württemberg und Niedersachsen wurden von fünf auf sechs aufgestockt, wodurch diese eine gewisse Sperrminorität haben (vgl.Schaubild).

Aufgaben des Bundesrats

Der Bundesrat hat das Recht der Gesetzesinitiative. Gesetzesvorlagen der Bundesregierung werden ihm zunächst zur Stellungnahme zugeleitet. Auch Gesetze, die der Bundestag verabschiedet hat, sind dem Bundesrat unvermittelt zuzuleiten. Bei den sogenannten einfachen, nicht zustimmungspflichtigen Gesetzen kann der Bundestag den

Einspruch des Bundesrates mit qualifizierter Mehrheit überstimmen. Dagegen muß der Bundesrat Gesetzen, die die Verfassung ändern und die Länderinteressen berühren, zustimmen (zustimmungspflichtige Gesetze).

Vermittlungsausschuß

Treten Differenzen zwischen Bundestag und Bundesrat auf, so wird der nichtöffentlich wirkende Vermittlungsausschuß eingeschaltet. Er besteht aus je elf Mitgliedern des Bundestages und des Bundesrates, die nicht weisungsgebunden sind. Kommt im Vermittlungssausschuß keine Einigung zustande, so ist das Gesetzgebungsvorhaben, wenn es der Zustimmung des Bundesrates bedarf, gescheitert. Daneben ist der Bundesrat noch bei der Wahl der Bundesverfassungsrichter, beim Gesetzgebungsnotstand und beim Notstandsfall beteiligt.

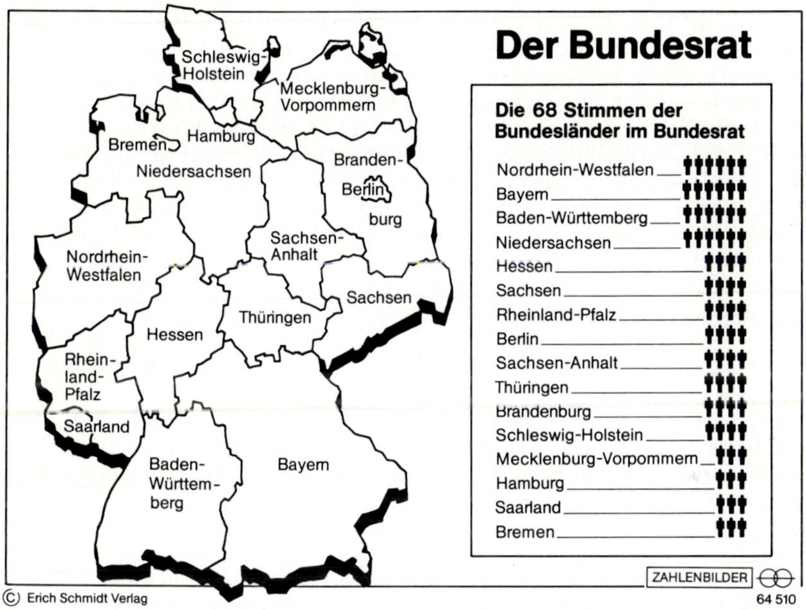

 64 510

Parteienbundesstaat

Dem Bundesrat ist es gelungen, im Laufe der Zeit immer mehr Gesetze als zustimmungspflichtig zu erklären. Während deren Anteil in den Anfangsjahren 10 % betrug, wurden in den letzten Jahren fast 60% der Gesetze vom Bundesrat als zustimmungspflichtig erklärt. Diese Problematik verschärft sich, wenn Bundesregierung und Bundestagsmehrheit sich einer Bundesratsmehrheit gegenübersehen, in dem die Parteien der Opposition die Mehrheit haben, was z.B. 1969 und 1991 der Fall war. Regierungsmehrheit und Bundesrat sind gezwungen, zu kooperieren, was Allparteienentscheidungen zur Folge hat. Aus diesem Spannungsverhältnis zwischen Föderalismus und Wettbewerb entsteht die Gefahr, daß das Parlament ausgeschaltet wird.
Insgesamt geriet bundesstaatliche Ordnung und Bundesrat immer stärker unter den Einfluß des Parteiensystems. Bei der Bildung von Landesregierungen bilden immer stärker bundespolitische Gesichtspunkte eine Rolle. Landtagswahlen werden zu Ersatzbundestagswahlen.

Kooperativer Föderalismus

Bund und Länder und die Länder untereinander arbeiten in vielen Bereichen zusammen, so daß man vom „kooperativen Föderalismus" spricht. Die Länder selbst haben Gremien gebildet, in denen sie ihre Arbeit koordinieren. So finden in regelmäßigen Abständen Konferenzen der Länderministerpräsidenten und der Länderressortminister(z.B.Kultusministerkonferenzen) statt. Vertreter von Bund und Ländern planen ihre Entscheidungen gemeinsam in ständigen Gremien, wie z.B.der Bund-Länder-Kommission für Bildungsplanung, dem Wissenschaftsrat, und dem Finanzplanungsrat. Verfassungspolitisch besteht jedoch das Problem, daß in diesen Gremien immer mehr Entscheidungen getroffen werden, die eigentlich dem Bundestag und den Länderparlamenten und den in ihnen vertretenen Parteien zukommen. Gerhard Lehmbruch spricht sogar von „bürokratischer Räterepublik".

Reföderalisierung durch die Vereinigung Deutschlands?

Die deutsche Einigung, die in Form des Beitrittes der fünf neuen Bundesländer stattfand, wurde von allen Bundesländern als Chance für eine Reföderalisierung betrachtet. Allerdings wurde dabei die Möglichkeit und Gelegenheit zu einer Neugliederung der Bundesländer nicht genutzt. Die Bevölkerung der ehemaligen DDR strebte die Wiedervereinigung rasch an, weil sie möglichst bald gleiche Lebensverhältnisse wie in Westdeutschland haben wollte. Da die Kosten für die Vereinigung zunächst in erster Linie vom Bund getragen werden mußten, förderte dieser Wunsch eher die Zentralisierung als die Föderalisierung. Vor allem zeigte es sich bald, daß die neuen Bundesländer wirtschaftlich ohne Unterstützung des Bundes und der anderen Bundesländer nicht lebensfähig waren (siehe nächsten Abschnitt). Auf der anderen Seite bot die durch die Vereinigung in Gang gekommene Verfassungsdiskussion den Bundesländern die Möglichkeit, ihre Kompetenzen im Grundgesetz zu verstärken.

Föderalismus und europäische Integration

Durch die verstärkte europäische Integration hatte der Bund ohne Zustimmung der Länder Kompetenzen auf EU-Einrichtungen übertragen. Außerdem konnte die Bundesregierung im entscheidenden EU-Ministerrat im Gegensatz zu den Bundesländern ihre Interessen direkt geltend machen. In der Verfassungkommission setzten die Bundesländer durch, daß ihre Mitwirkung bei der innerstaatlichen Willensbildung in zwischenstaatlichen Angelegenheiten verfassungsrechtlich garantiert wurde. Außerdem erreichten sie im Maastrichter Vertrag zur Europäischen Union, daß ein Regionalausschuß mit beratender Funktion eingeführt wurde. Er soll die Interessen der Regionen auf europäischer Ebene vertreten. Der Ausschuß hat 189 Mitglieder (Deutschland 24). Dazu kommen noch Landesvertretungen bei den europäischen Institutionen in Brüssel. Allerdings dürften den Reföderalisierungsbemühungen angesichts der zunehmenden europäischen Zentralisierung Grenzen gesetzt sein.

Zur Erfüllung der verschiedenen Aufgaben benötigt das politische System bestimmte Mittel, das man in den Sozialwissenschaften als Ressourcen bezeichnet. Als wichtigste finanzielle Ressourcen sind zu nennen: Steuern, Gebühren, Beiträge, Vermögenserträge, Gewinne aus staatlichen Unternehmen sowie Kreditaufnahmen (Staatsverschuldung). Die entsprechenden verfassungsrechtlichen Regelungen und Verfahren sind im X.Abschnitt des Grundgesetzes (Art.104-115) zusammengefaßt. Das Verhältnis von Bund und Ländern stand dabei immer wieder im Mittelpunkt der politischen Auseinandersetzung. Dabei ging es unter anderem um die Selbständigkeit der verschiedenen bundesstaatlichen Ebenen Bund, Länder und Gemeinden, die ursprünglich über getrennte Einnahmen verfügen und ihre Aufgaben auch gesondert finanzieren sollten. Nicht zuletzt um die im Grundgesetz angestrebte „Einheitlichkeit der Lebensverhältnisse im Bundesgebiet“ (Art.106, Abs.3 GG) zu erreichen, hat sich zunehmend eine finanzielle Verflechtung zwischen den verschiedenen Ebenen herausgebildet, wobei auch die Europäische Union miteinbezogen werden muß.

Steuerverteilung zwischen Bund, Ländern und Gemeinden

Das Schaubild zeigt, daß die verschiedenen Ebenen über eigene Steuereinnahmen verfügen, aber 80 % der Einnahmen sind gemeinschaftliche Steuern. Am ergiebigsten ist die Lohn-, Einkommens- und Körperschaftssteuern, die nach Abzug des Gemeindeanteils zwischen Bund und Ländern geteilt werden. Wegen dieses Verbundsystems bedürfen die entsprechenden Gesetze der Zustimmung des Bundesrates. Die Erträge der Umsatz- bzw. Mehrwertsteuer werden nach einem Verteilungsschlüssel geteilt, der durch ein vom Bundesrat mitzubeschließendes Gesetz festgesetzt wird. Diese in einem etwa dreijährigen Rhythmus stattfindende Regelung ermöglicht eine Anpassung der unterschiedlichen Aufgaben- und Ausgabenentwicklung. Um die Abhängig-

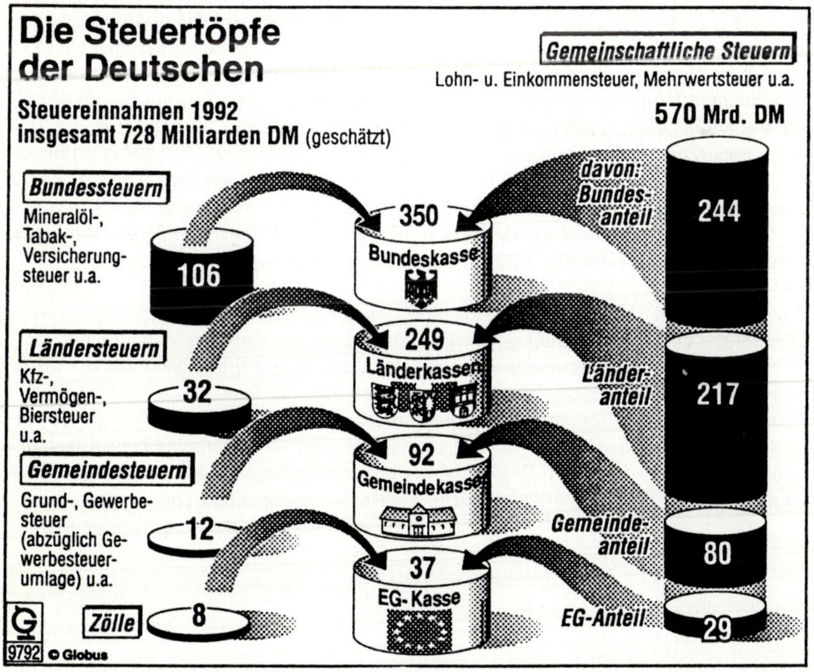

keit der Gemeinden von der Gewerbesteuer zu mindern und damit auch zu ihrer wirtschaftlichen Chancengleichheit beizutragen, haben sie heute einen großen Teil davon (rund 40%) an Bund und Länder abzuführen. Zum Ausgleich werden sie an der Einkommensteuer beteiligt.

Horizontaler und vertikaler Finanzausgleich

Neben der schwierigen Frage der Steuerverteilung von Bund, Ländern und Gemeinden existiert ein ähnliches Problem zwischen den Bundesländern. Um die Unterschiede zwischen „armen" und „reichen" Bundesländern auszugleichen, muß auch bei den Ländereinnahmen eine Umverteilung stattfinden (horizontaler Finanzausgleich). Anhand von Meßzahlen wird die Steuerkraft der einzelnen Bundesländer miteinander verglichen und das Unter- bzw. Überschreiten bestimmter Grenzen durch Zahlungen der finanzstarken Länder ausgeglichen. Auch der Bund ist in den Finanzausgleich zwischen den Ländern eingeschaltet. Er gewährt den ausgleichsberechtigten Ländern sogenannte Ergänzungszuweisungen (vertikaler Finanzausgleich).

Finanzhilfen für die neuen Bundesländer

Durch die Wiedervereinigung Deutschlands stellte sich das Problem des Finanzausgleichs zwischen den verschiedenen Ebenen des politischen Systems besonders dringlich. Eine Einbeziehung der neuen Bundesländer in einen gesamtdeutschen Finanzausgleich war auf die Kürze nicht möglich. Die Finanzhilfen der alten Bundesrepublik für die neuen Bundesländer betrugen 1991 140 Mrd DM, 1992 152 Mrd. DM und 1993 182 Mrd. DM, wobei die Hauptlast vom Bund getragen wurde. Die CDU/CSU/FDP-Bundesregierung verständigte sich 1993 mit den Bundesländern, der SPD-Opposition, deren Mitwirkung wegen der Mehrheit der SPD-regierten Bundesländer im Bundesrat notwendig war, auf den sogenannten *Solidarpakt*. Dessen wichtigster Bestandteil, das „Föderale Konsolidierungsprogramm zur Neuordnung der Staatsfinanzen" sieht die Einbeziehung der ostdeutschen Bundesländer ab 1995 in den Bund-Länder-Finanzausgleich vor, um einheitliche Lebensverhältnisse in ganz Deutschland zu erreichen. Dazu kommen noch die Kosten für ein Wohnungsbauprogramm und den sogenannten Erblastentilgungsfonds, in dem alle durch die Auflösung der DDR entstandenen Schulden zusammengefaßt sind. Zur Finanzierung dieser Leistungen ist unter anderem eine Erhöhung von Steuer-und Sozialabgaben ab 1995 (Solidaritätszuschlag von 7,5% der Lohn- und Einkommensteuerschuld) vorgesehen. Die Kosten für die deutsche Vereinigung und die damit verbundene außerordentliche Staatsverschuldung, die durch eine allgemeine Wirtschaftkrise verschärft wird, stellt das politische System der Bundesrepublik vor eine schwere Bewährungsprobe.

Gefahren der Politikverflechtung

Ausgehend vom Streben nach Angleichung der Lebensverhältnisse im gesamten Bundesgebiet – einschließlich der neuen Bundesländer – hat sich eine zunehmende Verflechtung der finanziellen Ressourcen ergeben, die in Zusammenhang mit der allgemeinen Politikverflechtung zu sehen ist. Die vertikale Gewaltenteilung zwischen Bund, Ländern und Gemeinden ist einer zunehmenden Verflechtung der verschiedenen Ebenen gewichen. Dabei besteht die Gefahr, daß die entsprechenden Entscheidungen weitgehend von den Regierungen ohne Beteiligung der Parlamente getroffen werden und die politischen Prozesse für den Bürger immer undurchsichtiger werden.

Aufgaben

Nach Art.28 Abs.2 des Grundgesetzes muß den Gemeinden „*das Recht gewährleistet sein, alle Angelegenheiten der örtlichen Gemeinschaft im Rahmen der Gesetze in eigener Verantwortung zu regeln. Auch die Gemeindeverbände haben im Rahmen ihres gesetzlichen Aufgabenbereichs nach Maßgabe der Gesetze das Recht der Selbstverwaltung.*" Die kommunale Selbstverwaltung hat in Deutschland eine lange Tradition und läßt sich vor allem auf die Reformen des Freiherrn von Stein zu Beginn des 19. Jahrhundert zurückführen. Die 16071 Gemeinden (davon 7565 in den neuen Bundesländern) und die 426 Landkreise (davon 189 in den neuen Bundesländern) können damit alle Aufgaben im örtlichen Bereich regeln, soweit nicht Bund und Länder zuständig sind (Prinzip der Allzuständigkeit). Die eigentlichen Selbstverwaltungsaufgaben umfassen Freiwilligkeitsleistungen (z.B. Einrichtungen für Soziales, Kultur und Freizeit), Pflichtaufgaben aufgrund gesetzlicher Verpflichtung (Schulträgerschaft, Wasserversorgung, Feuerwehr, Friedhöfe, Sozial-, Jugend- und Kultureinrichtungen) und Weisungsaufgaben, die ihnen vom Bund und Land übertragen wurden (z.B. Paß- und Meldewesen, Standesamt, Bauaufsicht). Die Landkreise übernehmen Aufgaben, die einzelne Gemeinden nicht allein lösen können (z.B. Kreisstraßen, Krankenhäuser, Berufsschulen, Abfallbeseitigung).

Einschränkungen der kommunalen Selbstverwaltung

Allerdings geht der Anteil der eigentlichen Selbstverwaltung immer mehr zurück, da über die genannten Bereiche immer häufiger auf Bundes-und Landesebene entschieden wird. Dazu kommt noch die zunehmende Abhängigkeit von den Finanzzuweisungen des jeweiligen Landes und des Bundes, die die Entschcidungsfreiheit der Gemeinden einschränken (vgl. Kap. 13). Man spricht von der „Politik des goldenen Zügels“, mit dem Bund und Land die kommunalen Prioritäten verändern.

Politische Willensbildung

Die Kommunalverfassungen, für die die Bundesländer zuständig sind, bieten ein vielfältiges Bild (siehe Schaubild auf der nächsten Seite). Unterschiedlich geregelt sind vor allem die Wahl der Verwaltungsspitze bzw. des Bürgermeisters (Wahl durch das Volk oder den Rat) und die Abgrenzung der Zuständigkeiten zwischen Rat und Verwaltungsspitze. Unabhängig vom Verfassungstyp besteht in allen Gemeinden das Problem, daß die ehrenamtlichen Gemeinderäte ("Feierabendpolitiker") der hauptamtlichen Verwaltung unterlegen sind. Da die kommunalen Selbstverwaltungsorgane im Gegensatz zum Bundestag und den Landtagen weitgehend Einzelfallentscheidungen wie z.B.über Bauplätze, Industriestandorte oder Verkehrsführung fällen müssen, sind diese Gremien dem Druck von privaten und gesellschaftlichen Interessen besonders ausgesetzt. Insgesamt besteht die Gefahr, daß die Kommunalpolitik weitgehend durch die Verwaltungsspitze und wenige lokale Honoratioren bestimmt wird. Verschiedene Gemeindeordnungen enthalten die Möglichkeit von Bürgerbegehren und Bürgerentscheid, die verstärkt von Bürgerinitiativen genutzt werden.

Ostdeutsche Gemeinden

Die Gemeinden waren in der ehemaligen DDR letztlich nur untergeordnete Vollzugsorgane des sozialistischen Einheitsstaates. Nach der Neubildung der Bundesländer werden bzw. wurden von diesen Kommunalverfassungen verabschiedet. Dabei wird offensichtlich eine Direktwahl der Bürgermeister und eine verstärkte Mitwirkungsmöglichkeit der Bürger in Form von Bürgerbegehren und -entscheiden angestrebt. Die vielen, zum Teil recht kleinen Gemeinden (über die Hälfte davon hat unter 500 Einwohner), sind weitgehend von Zuweisungen des Bundes und der Länder abhängig, so daß einer "politischen Erneuerung von unten" Grenzen gesetzt sind.

Gemeindeordnungen im Überblick

Land	Verfassungstyp	Gemeinderat	Gemeindevorstand					Elemente direkter Demokratie
		Wahlperiode i. J.	Name	Wahlmodus	Amtszeit i. J.	Abwählbar?	G.-R. - u. Ausschußvorsitz?	
Baden-Württemberg	Süddeutsche Ratsverfassung – einköpfig	5	(Ober-) Bürgermeister	Volkswahl	8	nein	ja	Herbeiführung von Bürgerversammlungen. Bürgerantrag auf Befassung des Gemeinderats. Bürgerbegehren zwecks Bürgerentscheid. Bürgerentscheid.
Bayern	Süddeutsche Ratsverfassung – einköpfig	6	1. Bürgermeister bzw. Oberbürgermeister	Volkswahl	6	nein	ja	Herbeiführung von Bürgerversammlungen (Bürgerantrag)
Hessen	Magistratsverfassung – zweiköpfig	4	Magistrat mit (Ober-) Bürgermeister	Wahl durch Gemeinderat	6	mit ⅔ Mehrheit	nein	Bürgerbegehren auf Befassung des Gemeinderats
Niedersachsen	Norddeutsche Ratsverfassung – zweiköpfig	5	Gemeindedirektor bzw. (Ober-) Stadtdirektor	Wahl durch Gemeinderat	6 oder 12	mit ⅔ Mehrheit	nein	Bürgerantrag auf Befassung des Gemeinderats
Nordrhein-Westfalen	Norddeutsche Ratsverfassung – zweiköpfig	5	Gemeindedirektor bzw. (Ober-) Stadtdirektor	Wahl durch Gemeinderat	8	mit ⅔ Mehrheit	nein	nein
Rheinland-Pfalz	Bürgermeisterverfassung – einköpfig	5	(Ober-) Bürgermeister	Wahl durch Gemeinderat	10	mit ⅔ Mehrheit	ja	Bürgerinitiative auf Befassung des Gemeinderats
Saarland	Bürgermeisterverfassung – einköpfig	5	(Ober-) Bürgermeister	Wahl durch Gemeinderat	10	mit ⅔ Mehrheit	ja, ohne Stimmrecht	Bürgerantrag auf Befassung des Gemeinderats
Schleswig-Holstein	Magistratsverfassung (in Städten) Bürgermeisterverfassung (in Landgemeinden) – zweiköpfig	4	Magistrat mit (Ober-)Bürgermeister Bürgermeister	Wahl durch Gemeinderat	6–12	mit ⅔ Mehrheit	nein	nein

Hans-Georg Wehling, Kommunalpolitik in der Bundesrepublik Deutschland. Berlin 1986, S. 70.

Die Verwaltung stellt die zentrale Tätigkeit des modernen Staates dar. „Herrschaft im Alltag“ ist nach dem Soziologen Max Weber primär Verwaltung: „Jede Herrschaft äußert sich und funktioniert als Verwaltung."

Aufgabenbereiche

Die Aufgaben der Verwaltung bestimmen sich nach den Erfordernissen der Gesellschaft und der „kollektiven Daseinsfürsorge“, die ständig im Steigen begriffen sind. Es lassen sich folgende Bereiche unterscheiden:
– *Ordnungsverwaltung*, die die innere und äußere Sicherheit gewährleisten soll (z.B.Innenverwaltung, Rechtswesen, Polizei, Finanz-, Zollverwaltung);
– *Leistungsverwaltung*, die die Wohlfahrt des einzelnen und der Allgemeinheit zum Ziele hat (z.B. Gesundheit, Soziales, Bildung);
– *Wirtschaftsverwaltung*, der das Vermögen der öffentliche Hand untersteht;
– *politische Verwaltung*, die der politischen Führungspitze durch Informationen und Planungen zuarbeitet.

Der Aufbau der Verwaltung in der Bundesrepublik Deutschland

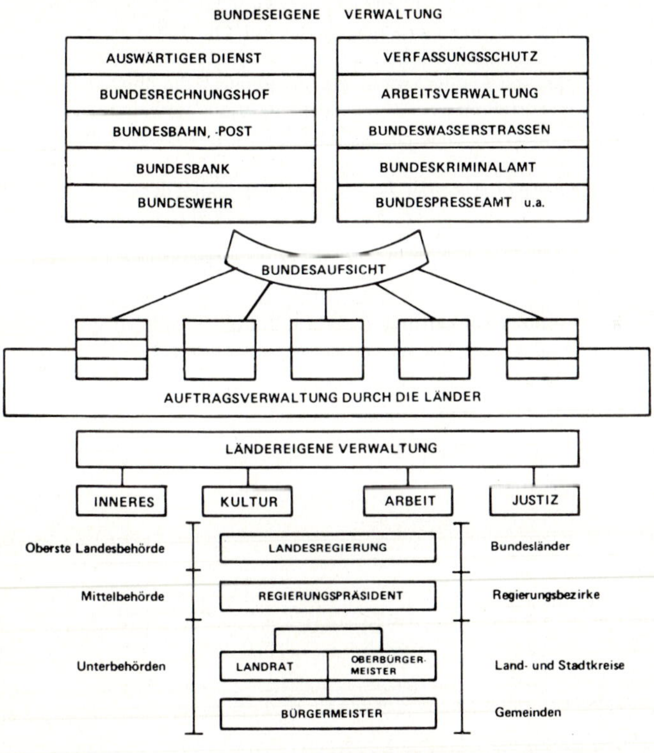

(Jünger Verlag, Frankfurt/Main)

Grundwissen Politik. Stuttgart 1988, S. 136.

Verwaltungsaufbau

Im Gegensatz zu anderen Ländern hat die Bundesrepublik keine Einheitsverwaltung. Der Schwerpunkt der Verwaltungstätigkeit liegt bei den Bundesländern. Die Verwaltung ist hierarchisch gegliedert, und die Bediensteten haben fest umrissene Kompetenzen (Amtshierarchie). Alle Verwaltungsvorgänge werden schriftlich festgehalten (Aktenmäßigkeit).

Grundsätze des Berufsbeamtentums

Ein besonderes Charakteristikum der deutschen Verwaltung ist das Verhältnis des Personals, d.h. der Beamten, zu ihrem Dienstherrn. Zu den „hergebrachten Grundsätzen des Berufsbeamtentums“ (Art.33 GG) rechnet man u.a. fachliche Vorbildung, hauptberufliche Tätigkeit, lebenslange Anstellung, Pflicht, Treue und Gehorsam gegenüber dem Dienstherrn und unparteiliche Amtsführung. Da die politische Bedeutung der Verwaltungstätigkeit zunimmt, versuchen die Parteien, sie mit Personen ihres Vertrauens zu besetzen (Parteienpatronage).

Politische Kontrolle der Verwaltung

Aufgabe der Verwaltung ist es, politische Entscheidungen zu vollziehen. Allerdings ist es mit der Zunahme der öffentlichen Aufgaben schwieriger geworden, zwischen Politikformulierung und -vollzug zu unterscheiden. Schlagworte wie "Bürokratiebestimmtheit der Politik" oder "Tendenz zum Verwaltungsstaat" deuten an, daß der Einfluß der politischen Führung eher nachgelassen hat. Die politische Kontrolle der Verwaltung auf den verschiedenen Ebenen soll durch die Bundesregierung, Länderregierungen, Bundestag und Länderparlamente sowie durch die entsprechenden kommunalen Vertretungen erfolgen. Die Wirtschaftlichkeit der Verwaltung wird auf der Bundes- und Landesebene von unabhängigen Rechnungshöfen kontrolliert.

Bürger und Verwaltung

Die Verwaltungsvorgänge werden wegen der Komplexität der gesellschaftlichen Probleme immer komplizierter und damit für die Bürger, die der staatlichen Bürokratie teilweise mit Angst und Unsicherheit begegnen, undurchschaubarer. Sobald es um wichtige Fragen geht, läßt sich der einzelne durch professionelle Vermittler wie Verbände, Bürgerinitiativen oder einen Rechtsbeistand helfen. Gegen die Entscheidung einer Behörde kann der Bürger innerhalb bestimmter Fristen Einspruch erheben und bei dessen Ablehnung Klage beim Verwaltungsgericht erheben. Die wiederholt vorgetragene Forderung nach "bürgernaher Verwaltung" ist bisher nur in Grenzen realisiert worden.

16. Das Bundesverfassungsgericht„„Hüter der Verfassung“ oder „Ersatzgesetzgeber“

Bedeutung der Verfassungsgerichtsbarkeit

Auf dem Hintergrund des Hitlerreiches war es dem Parlamentarischen Rat besonders wichtig, Verfassung und Rechtsstaat vor jedem Mißbrauch zu schützen. Daher ist die Funktion der Rechtsprechung in der Verfassungsordnung deutlich abgehoben von der legislativen und exekutiven Funktion. Eine besondere Stellung innerhalb des Rechtssystems hat das Bundesverfassungsgericht. In keinem Land der Erde ist die Verfassungsgerichtsbarkeit, d.h. die Möglichkeit, die Verfassungsgemäßheit von Normen und Verfahren zu überprüfen, so ausgebaut wie in der Bundesrepublik Deutschland. Das Bundesverfassungsgericht ist unabhängig und steht gleichrangig neben anderen Staatsorganen und wie z.B. Bundestag, Bundesrat und Bundesregierung.

Zuständigkeiten

Als "Hüter der Verfassung" ist es zuständig für:
– *Organstreitigkeiten* zwischen den obersten Bundesorganen und Bund und Ländern über Rechte und Pflichten nach dem Grundgesetz;
– *Normenkontrolle* als Prüfung über die Vereinbarkeit von Bundes- und Landesrecht mit dem Grundgesetz;
– *Verfassungsbeschwerden* von Personen wegen Verletzung der Grundrechte (nach Ausschöpfung des Rechtsweges);
– *Anklageverfahren* bezüglich der Verwirkung der Grundrechte, Verfassungswidrigkeit von Parteien, Anklage gegen den Bundespräsidenten und Bundesrichter wegen GG-Verletzung.

Organisation

Das Bundesverfassungsgericht besteht aus zwei Senaten mit je acht Richtern, die je zur Hälfte vom Bundestag durch zwölf Wahlmänner und vom Bundesrat direkt mit Zwei-Drittel-Mehrheit gewählt werden. Dabei spielt natürlich auch ein gewisser parteipolitischer Proporz eine Rolle. Das Bundesverfassungsgericht kann nicht von sich aus initiativ werden, sondern nur, wenn es angerufen wird. Seine Kontrollrechte beschränken sich auf die formelle Zulässigkeit und die inhaltliche Übereinstimmung mit dem Grundgesetz, schließen jedoch nicht die politische Beurteilung der Zweckmäßigkeit von Gesetzen mit ein.

„Hüter der Verfassung“ oder „Ersatzgesetzgeber“?

In der umfangreichen Literatur über das Bundesverfassungsgericht wird die Frage diskutiert, ob dessen große Befugnisse zu einer Verrechtlichung der Politik führe. Obwohl das Bundesverfassungsgericht kein politisches Organ wie der Bundestag darstellt, sondern Teil der Rechtsprechung ist, hat es viele Entscheidungen von politisch und gesellschaftlich weitreichender Bedeutung getroffen: Parteienverbot, Hochschulgesetzgebung, Zinsbesteuerung, Abtreibungsrecht, Grundvertrag mit der DDR und den Vertrag von Maastricht zur Schaffung einer europäischen Union. Dazu kommt, daß die Opposition im Bundestag, aber auch die Bundesländer dazu neigen, parlamentarische oder sonstige politische Niederlagen durch Anrufung des Bundesverfassungsgerichts nachträglich zu korrigieren. Dadurch, daß das Gericht z.T. selbst politische Ratschläge für die Zukunft gibt, besteht die Gefahr, daß dieses in die Rolle eines „Ersatzgesetzgebers“ gedrängt wird. Ob die Gefahr einer zu starken Politisierung des Gerichtes gebannt werden kann, hängt ab von dessen Selbstbeschränkung und von der notwendigen Zurückhaltung derjenigen, die berechtigt sind, es anzurufen.

Begriff: Politische Kultur

Mit dem Begriff der „politischen Kultur“ wird in der Politikwissenschaft versucht, die Einstellungen, Meinungen und Grundorientierungen der Bürger gegenüber dem politischen System zu erfassen. Die Stabilität eines politischen Systems hängt nicht nur von den politischen Institutionen eines Landes ab, sondern von ihrer Verarbeitung im Bewußtsein. So hat die Entwicklungsländerforschung gezeigt, daß es unmöglich ist, demokratische Institutionen einfach zu „verpflanzen“. Die politische Kultur in Deutschland ist ohne die Traditionszusammenhänge, in dem die alten und neuen Bundesländer stehen, nicht zur verstehen.

Traditionen

Folgende miteinander verbundene Traditionsstränge waren und sind für die alte Bundesrepublik und zum Teil auch für die DDR noch wirksam:
- Die *etatistische Tradition* besagt, daß in Deutschland lange der Staatsgedanke überhöht wurde. Die Regierung galt und gilt als Vertreterin des Gemeinwohls und der Überparteilichkeit, während Parteien und Interessengruppen eher negativ bewertet wurden.
– Die *unpolitische Tradition* zeigt sich u.a.in der Verketzerung der Politik als „schmutziges Geschäft“ und in einem Rückzug ins Private.
– Die *Tradition der Konfliktscheu* drückte sich u.a. in einer negativen Bewertung des Parteienstreits, der Opposition oder der innerparteilichen Konflikte aus, während Einheit und Geschlossenheit als positiv angesehen werden.
– Die *Tradition des Formalismus* förderte die noch heute vorhandene Tendenz, politische Probleme in formale Rechtsprobleme zu kleiden. Auch die vielbeklagte Bürokratisierung des öffentlichen Lebens ist u.a. aus dieser formalistischen politischen Kultur zu erklären.

„Historische Brüche“ in der demokratischen Entwicklung

In der Entwicklung der Demokratie, die in Deutschland relativ spät einsetzte gab es in den Jahren 1918/1919/1933/1945 bzw.1949 Brüche – für die neuen Bundesländer besonders 1989 –, die nicht ohne Wirkung auf das Bewußtsein der Bürger blieben. Nach Martin Greiffenhagen zeigt die politische Kultur Deutschlands „im Vergleich zu den alten Demokratien der Vereinigten Staaten oder Großbritanniens noch deutliche historische Narben aus älteren Phasen der politischen Geschichte Deutschlands“.

Demokratisierung politischer Kultur in der BRD

Allerdings kann man auch im Bereich der politischen Kultur Westdeutschlands von einem Entwicklungsprozeß sprechen. Während Ende der 50er Jahre noch eine „partielle Untertanenkultur“ festgestellt wurde, hat sich das politische Interesse und die Bereitschaft zum politischen Engagement in den 40 Jahren des Bestehens der BRD verstärkt. Wenn auch die wirtschaftliche Leistungsfähigkeit des Systems immer noch eine große Rolle spielt, nahm doch das Vertrauen in die demokratische Regierungsform zu.

Restbestände eines „DDR-Bewußtseins“

Die vierzigjährige Teilung hatte in beiden Teilen unterschiedliche politische Kulturen hervorgebracht, die sich erst im Verlaufe eines längerfristigen sozioökonomischen und politischen Einigungsprozesses annähern dürften. Die politische Kultur der DDR knüpfte an die oben angedeutete deutsche Tradition an, indem sie Staat und Partei einen eindeutigen Vorrang vor dem Individuum gab. Obrigkeitsstaatliche Traditionen wurden durch die SED-Herrschaft und sozialistische Staatsbürokratie noch verstärkt, nicht zuletzt weil dieser zwar autoritäre, aber auch zuteilende und fürsorgende DDR-Staat soziale Sicherheit – besonders in den Bereichen Bildung, Wohnen, Gesundheit und Kinderbetreuung – garantierte. Während 10 bis 20 % der erwachsenen Bevölkerung Mitglieder der SED und der 4 Blockparteien waren, zog sich die Mehrheit der Bevölkerung in private Nischen zurück. Das durchaus in der DDR bestehende Gefühl der Zusammengehörigkeit wurde dadurch bestimmt, gemeinsam in einem ungeliebten Herrschaftssystem und in einer „Solidargemeinschaft des Mangels" leben zu müssen. Daher war es nur verständlich, daß sich die ehemaligen DDR-Bürger nach der Vereinigung so wie die Bundesbürger in den fünfziger und sechziger Jahren zunächst an den wirtschaftlichen Leistungen des für sie neuen politischen Systems orientierten. Angesichts der zunächst unterschätzten Probleme des Vereinigungsprozesses und des ökonomischen Gefälles zwischen West-und Ostdeutschland macht sich eine Art „Renaissance des DDR-Bewußtseins bemerkbar. Die Ostdeutschen entwickeln wieder eine eigene emotionale und interessenbedingte Identität." (Gerd Meyer).

Unterschiedliche Einstellungen zu den demokratischen Institutionen

Das Vertrauen in die demokratischen Institutionen ist in der Geschichte der alten Bundesrepublik, gestiegen. Die Westdeutschen stehen den Einrichtungen des politischen Lebens zunehmend positiv gegenüber, wobei das Bundesverfassungsgericht, die Polizei und die Gerichte besonders hoch angesehen sind, die Kerninstitutionen des politischen Systems Bundestag und Bundesregierung im Mittelfeld liegen, Gewerkschaften und Massenmedien schlechter, aber immer noch positiv bewertet werden. Dagegen stehen die Ostdeutschen den politischen Institutionen und Organisationen insgesamt mißtrauischer gegenüber als die Westdeutschen. Das anfänglich hohe Ansehen des Fernsehens ist durch dessen Rolle als wichtigster Informationsquelle vor der Vereinigung zu erklären. Besonders büßten Bundestag und Bundesregierung an Vertrauen ein und werden heute zusammen mit den Kirchen und Gewerkschaften sogar negativ bewertet.

Bewertungen der politischen Einflußnahme

Besonders unterschiedlich werden die Möglichkeiten der einzelnen Bürger, selbst politisch Einfluß zu nehmen, eingeschätzt. Die Bewohner der neuen Bundesländer, die jahrelang unter einer Versorgungsdiktatur leben mußten, halten den Staat viel eher zuständig für alle wirtschaftlichen und sozialen Probleme als die in den alten Bundesländern. Die entsprechenden Einstellungen hat Peter Mohler – etwas zugespitzt – folgendermaßen formuliert: "In Ostdeutschland denkt man 'Die Obrigkeit wird es und muß es richten, aber denen da oben trauen wir nicht'; in Westdeutschland 'Denen da oben trauen wir nicht und deshalb wollen wir selber sehen und entscheiden, was gemacht wird'." Gemeinsam ist beiden die negative Bewertung der politischen Parteien und Politiker, wobei die Skepsis und Unzufriedenheit in Ostdeutschland aufgrund der Erfahrungen mit den Blockparteien und Massenorganisationen der DDR noch ausgeprägter ist.

Gefahr des Rechtsextremismus?

Dieses Mißtrauen gegenüber dem politischen System drückt sich auch in der Zunahme rechtsextremistischer Einstellungen und Gewalttaten, die sich vor allem gegen Ausländer richten, und dem zahlenmäßigen Ansteigen der entsprechender Gruppierungen und Parteien aus. Dieses rechtsextremistische Denken und Handeln, das u.a. durch Nationalismus, Autoritarismus, Demokratiefeindlichkeit und Nichtanerkennung der allgemeinen Gleichheit und Freiheit der Menschen gekennzeichnet ist, hängt u.a. mit den Ängsten vor den schwerwiegenden gesellschaftlichen und politischen Umbrüchen zusammen, vor denen die BRD steht.

Stabile oder „Schönwetter"-Demokratie?

Neben dem schwierigen Prozeß der Vereinigung Deutschlands bilden die Eingliederung des vereinigten Deutschlands in eine wirtschaftliche und politische europäischen Union und die veränderte weltpolitische Lage zusätzliche Herausforderungen. Dazu wird die jüngere Bevölkerung der alten Bundesländer zum ersten Mal in ihrer Geschichte mit relativ hohen Arbeitslosenzahlen und Einkommensminderungen konfrontiert. Zu Recht wird gefragt, ob die Stabilität und Anpassungsfähigkeit des politischen Systems der Bundesrepublik nur auf dessen wirtschaftlicher Leistungsfähigkeit, oder auch auf den demokratischen Einstellungen der Bürgerinnen und Bürger beruht.

Gesamtdarstellungen zum politischen System Bundesrepublik Deutschland
(Auswahl)

Andersen, Uwe/Woyke, Wichard (Hrsg.), Handwörterbuch des politischen Systems der Bundesrepublik Deutschland. Opladen 1992.

Beyme, Klaus von, Das politische System der Bundesrepublik Deutschland nach der Vereinigung. Neuausgabe, München 1991.

Greiffenhagen, Martin und Sylvia, Ein schwieriges Vaterland. Zur politischen Kultur im vereinigten Deutschland. München 1993.

Hesse, Joachim Jens/Ellwein, Thomas, Das Regierungssystem der Bundesrepublik Deutschland. 2 Bde. 7. Auflage Opladen 1992.

Jesse, Eckhard, Die Demokratie der Bundesrepublik Deutschland. 7. Auflage, Berlin 1987.

Rudzio, Wolfgang, Das politische System der Bundesrepublik Deutschland. 3. Aufl. Opladen 1991.

Sontheimer, Kurt, Grundzüge des politischen Systems der neuen Bundesrepublik Deutschland. Neuausgabe, München 1993.